edition phoenix
Band 5

Heinrich Kurtzig

DORFJUDEN

Ernstes und Heiteres von ostischen Leuten

Die Deutsche Nationalbibliothek verzeichnet diese Publikation in der Deutschen Nationalbibliografie; detaillierte bibliografische Angaben sind im Internet über http://dnb.dnb.de abrufbar.

Ein Teil der Einnahmen aus dem Verkauf dieses Buches kommt dem Deutschen Exilarchiv 1933-1945 in Frankfurt am Main zugute. Als Sondersammlung der Deutschen Nationalbibliothek hat das Archiv die Aufgabe, Veröffentlichungen und ungedruckte Unterlagen der deutschsprachigen Emigration und des Exils der Jahre 1933 bis 1945 zu sammeln, zu erschließen und zugänglich zu machen.

Westhafen Verlag, Frankfurt am Main 2017

Die Originalausgabe erschien 1928 im M. Poppelauer Verlag, Berlin. Der Text wurde für diese Ausgabe neu gesetzt. Rechtschreibung und Zeichensetzung des Originals wurden beibehalten.

Einbandgestaltung: Wolfgang Buechs, Frankfurt am Main
Druck und Herstellung: BoD - Books on Demand, Norderstedt
Gedruckt auf FSC®-zertifiziertem Papier (Lizenzcode: C105338)

Westhafen Verlag
Thomas Jaeger
Am Höllenberg 36
60437 Frankfurt am Main

www.edition-phoenix.de
www.facebook.com/westhafenverlag

ISBN 978-3-942836-11-1

Vorbemerkung

Über mein Werkchen „Ostdeutsches Judentum“ schreibt Gustav Frenssen: „Es sollte zu einer Sammlung von Büchern unter dem Begriff dieses Buches kommen, denn was weiß ein Westdeutscher oder Niedersachse von diesen ostischen Menschen.“

Diese Anregung ist die Veranlassung zur Veröffentlichung der nachfolgenden kleinen Erzählungen unter dem Gesamttitel „Dorfjuden“. — Habe ich in „Ostdeutsches Judentum“ Menschen aus ostdeutschen Städten zu schildern versucht, so hier solche aus Dörfern. —

Geh. Archivrat Professor Dr. Adolf Warschauer hat seinem in der „Literatur-Zeitung der Preußischen Akademie der Wissenschaften“ erschienenen Referat über „Ostdeutsches Judentum“ nachstehenden Satz an die Spitze gestellt:

> „Die kulturgeschichtliche Bedeutung des Buches beruht vor allem darauf, daß es einen Einblick in das geistige und wirtschaftliche Milieu der deutsch-jüdischen Bevölkerungsschicht der ehemaligen Provinz Posen gewährt.“

Ich wage zu hoffen, daß dieses Urteil auch auf das vorliegende Büchlein zutreffen darf.

Der Verfasser

Inhaltsverzeichnis

Dorfjuden

Novelle

Wie es eigentlich kam, daß die alte Witwe Gabriel mit ihrem kleinen Aron und der niedlichen Esther in die weltentlegene Hauländerei[1] verschlagen wurde, und daß die drei dort als einzige Juden inmitten einer christlichen deutschen Landbevölkerung lebten, weiß ich nicht. Die es mir hätten sagen können, die Gabriel oder der Aron und die Esther, sind längst tot, und mein Vater und meine Mutter, denen es vielleicht bekannt war, weilen auch nicht mehr unter den Lebenden. Warum war ich damals nicht so neugierig zu fragen und dem nachzuforschen, was ich jetzt so gerne gewußt hätte! Damals wäre es so leicht gewesen. Nun werden wir es wohl niemals mehr erfahren, denn sie sind wohl alle tot, die ich fragen möchte.

Ich denke mir, daß die Gabriel, ehe sie das kleine Häuschen am Rande des Dorfes bezogen hatte, etwas erlebt haben müsse, vielleicht etwas sehr Interessantes, und ein Dichter könnte daraus eine ganz hübsche Geschichte ersinnen. Ich aber will euch doch keine Märchen erzählen, und darum kann ich erst da anfangen, wo die Gabriel schon eine über fünfzig Jahre alte Witwe, Aron etwas älter als zwölf und Esther zehn Jahre waren. So alt waren sie, als

[1] wie der Fläming in der Mark auf eingewanderte Holländer zurückgehende Bezeichnung von Gutspachtwirtschaften in Posen

Benjamin sie zum erstenmal sah. Da saß die Gabriel vor ihrem Häuschen auf der grünen Bank an der Tür und strickte, die kleine Frau mit dem glattgescheitelten, rötlichblonden Haar und dem klugen Gesicht, dem man heute noch anmerkte, daß es einmal schon gewesen war. Sie war wie die Bäuerinnen gekleidet, ganz einfach, aber hübsch sauber.

Als Benjamin sich ihr näherte, fing das Hündchen, das sich bis jetzt neben ihr behaglich in der Sonne streckte und nur mit den Ohren zuckte, wenn ihn eine Fliege oder eine Mücke belästigte, zu bellen an und trabte ihm entgegen. An dem eifrigen Wedeln des Schweifes konnte man erkennen, daß es sich um eine gastfreundliche Begrüßung handelte. Die Gabriel rief das Tierchen zurück, das sich nun nur noch leise knurrend an ihr Kleid anschmiegte. Und als Benjamin vor ihr stand, fragte sie: „Wer ist da? Sind Sie ein Mann oder eine Frau?“ Er war weder das eine noch das andere, er war ein Kind, aber die Frage kam ihm doch sehr sonderbar vor, denn daß er ein Knabe war, erschien ja schon durch seine Kleidung unverkennbar. Ach, er wußte ja nicht, daß die Gabriel blind war.

Benjamin, der Gymnasial-Quartaner, war mit seinem Vater am ersten Tage der „Großen Ferien“ aus der Stadt nach dem einsamen Dörfchen gefahren, wo dieser eine kleine Landwirtschaft besaß. Die Fahrstraße, ein mit grünenden Elsen bepflanzter schattiger Landweg, führte in der Nähe von Frau Gabriels Häuschen vorüber. Benjamins

Vater hielt auf dem Wege an, er fuhr heute, wie so oft, ohne Kutscher.

„Benjamin, mein Sohn," sagte er, „trag diese Glasbüchse der armen Frau dort hinüber, die auf der Bank sitzt; grüße sie von der Mutter, sie schickt ihr diese eingemachten Früchte, und sie möchte sie sich gut schmecken lassen." —

Ach ja! Die Gabriel war arm. Wer die Sonne niemals sehen kann, ist ja schon so arm! Aber sie war auch in materieller Beziehung arm. Allerdings zu betteln brauchte sie nicht, so arm war sie denn doch nicht. Das kleine Häuschen gehörte ihr und dazu einige Morgen Land und eine Ziege. Verhungern konnte sie nicht. Sie hatte Milch von der Ziege und Kartoffeln und Gemüse vom Acker. Leider konnte sie ihn wegen ihrer Augen nicht selbst bestellen, aber die mitleidigen Nachbarn steckten ihr im Frühjahr die Kartoffeln und säten die Gemüsekörner und den Leinsamen und halfen, wo sie konnten, bei der Feldarbeit. Verhungern konnte die Frau nicht. Aber eingemachte Früchte! Oh, das war eine Delikatesse, die sie nur hin und wieder, besonders zu den Feiertagen, durch die Güte der frommen, wohltätigen, reichen Dame aus der Stadt genießen konnte. Auch die Nachbarsfrauen brachten der Gabriel ab und zu mal einige rohe Birnen, Äpfel und Pflaumen, aber sie kochten sie nicht mit Zucker ein; dazu hatten sie keine Zeit. Aber das hier in der Glaskrause waren sogar eingemachte Pomeranzen. Oh, war das eine erquickende Götterspeise! — — —

Die Gabriel hatte viel Zeit nachzusinnen. Sie dachte sich, daß sie nur noch vier Jahre so kümmerlich würde leben müssen. Dann würde, wenn sie alle gesund bleiben, auch Geld ins Haus kommen, und sie würde sich wohl endlich einen neuen Wintermantel kaufen können. Die nächsten vier Jahre müsse es noch mit dem alten gehen, den ihr Benjamins Mutter vor zwei Jahren geschenkt hatte. Nur noch vier Jahre, und dann hat die Not ein Ende. Aron ist nun bald „Barmizwah". Dann soll er beim Meister im Dorfe das Glaserhandwerk erlernen, und in etwa vier Jahren ist er Geselle, dann kann er in die Häuser gehen und die zerbrochenen Fensterscheiben ausflicken, da würde er ganz schön verdienen. Freilich, es war immerhin ein Unternehmen, das da gegründet werden sollte, und dazu gehörte etwas Kapital. Unbedingt notwendig war ein Holzgestell, das auf den Rücken geschnallt werden konnte, einige Tafeln Glas, etwas Kitt aus Schlemmkreide und Leinöl geknetet, als Handwerkszeug ein kleiner Holzspachtel und vor allem ein Diamant. Das würde Aron unter allen Umständen zu seinem Geschäft haben müssen. Wegen des Holzgestells hatte die Gabriel schon mit dem Dorftischler gesprochen. Er wollte es in seinen freien Abendstunden aus Abfällen zusammenbauen, sie könnte beruhigt sein. Das würde zur Zeit schon fertig werden, und sie sollte ihm dafür nichts bezahlen. Aber Sorgen machte ihr die Beschaffung des Geldes für das Glas und vor allem für den Diamanten.

Aron wollte sich den Spachtel selbst schnitzen. Und auch den Glaserkitt wollte er nicht kaufen. Aron hatte ein „jüdisches Köpfchen“. Er sagte zur Mutter: „Den Kitt mache ich mir selbst. Ich will den Profit des Zwischenhandels und der Fabrikation ausschalten, ich kaufe mir etwas Schlemmkreide und Leinöl und knete mir die Masse, dann habe ich immer billigen, frischen Kitt, der das Glas in den Fensterrahmen gut festhält. Und was der Fabrikant und der Kaufmann am Kitt verdienen will, das verdiene ich mir selbst.“

„Liebes Kind,“ bemerkte die Mutter, „ich bin eine einfache Frau, und von solchen Dingen verstehe ich nichts. Aber was du da sagst, scheint mir beachtenswert. Ich kann dir nur einen mütterlichen Rat geben: besprich die ‚Maaße‘[2] mit einem Sachverständigen, vielleicht mit dem Glasermeister, oder wenn der Herr aus der Stadt wieder einmal vorbeifährt, dann frage ihn, was er dazu meint. Er ist doch ein Fabrikant und meint es gut mit uns; er wird dir eine richtige ‚Eize‘[3] geben.“

Zu der Unterredung bot sich sehr bald Gelegenheit. Aber Aron war arg enttäuscht. So wie er sich das gedacht hatte, ging es doch nicht, seine Kalkulation stimmte nicht.

„Mein lieber Junge,“ sagte der Fabrikant, „überlege dir einmal, was du tun willst! Die Kreide und das Öl müßtest du dir bei einem Händler in der Stadt, der etwas verdienen

---

[2] die Sache, den Fall

[3] Rat

muß, im kleinen einkaufen. Denn ein ganzes Faß Kreide, wie der Kaufmann, kannst du dir von Rügen nicht kommen lassen. Auch ein ganzes Faß Leinöl kannst du nicht beziehen, dazu gehört Geld. Aber selbst wenn es dir zur Verfügung stände, wäre es für dich auch noch unpraktisch. Ehe du das ganze Faß Kreide verbraucht hast, würde das Material alt und stückig werden; du müßtest es immer wieder vor der Verarbeitung zerkleinern und zerdrücken, das kostet wertvolle Zeit. Ehe du ein Faß verarbeitet hättest, hat der Kaufmann schon den Inhalt von zehn, zwanzig, dreißig Fässern verkauft. Immer wieder öffnet er neue Fässer, immer kann er frische pulverige Kreide abgeben. — Die Kreidefässer müssen in einem geeigneten, trockenen Raum lagern, habt ihr einen solchen? Auch die Arbeit des Knetens darfst du nicht unterschätzen, Zeit ist Geld. Wenn du währenddessen das Unkraut im Gemüseland jätetest, wäre das viel wichtiger und nutzbringender. — Beim Fabrikanten wird der Kitt maschinell in großen Misch- und Knetmaschinen hergestellt, auf das einzelne Pfund, das du brauchst, macht das nicht viel aus. Nein, mache dir deinen Kitt nicht selbst, kaufe dir deine paar Pfund, wenn es geht aus erster Hand bei einem Fabrikanten, dabei kommst du besser fort."

Aron sagte sich: „Es sieht in der Welt doch anders aus, als es mir hier von unserem Dörfchen aus erscheint," und er wollte bei seinem zukünftigen Kittbedarf den Zwischenhandel doch nicht ausschalten. —

Die Gabriel sann nach, wo das Geld für Aron herkommen sollte. Sie hatte noch nie für sich gebettelt. Für andere war sie, als sie noch sehen konnte, in manches Haus gegangen, um für Arme ein Almosen zu erbitten, für sich wollte sie auch jetzt nicht betteln, trotzdem sie arm und blind war. Sie dachte daran, Benjamins Vater um ein Darlehen für ihren Sohn anzugehen, damit das Handwerkszeug angeschafft werden könnte. Aron konnte es von seinem Verdienst allmählich zurückzahlen, und Zinsen sollten natürlich zugeschlagen werden. Es war Zeit, an die Ausführung dieser Pläne jetzt schon zu denken, denn es waren ja nur noch vier Jahre, daß sie verwirklicht werden sollten.

Aber etwas anderes stand noch viel früher bevor. Damit mußte man sich vor allen Dingen beschäftigen: Die Barmizwah[4]. Aron sollte unter allen Umständen zum „Maftir"[5] aufgerufen werden. In der Dorfschule lernte Aron und Esther lesen, schreiben, rechnen und Heimatkunde; hebräischen Unterricht gab es da nicht. „Ob ich einmal den Pfarrer um Rat fragen soll?" sann die Gabriel.

Hier in der weltabgeschiedenen, einsamen Hauländerei hatte noch keiner der Bauern daran gedacht, daß die Gabriel und Aron und Esther Juden seien. Was wußte man

---

[4] Einsegnung mit Erklärung der Verantwortlichkeit des Knaben zu 13 Jahren

[5] zum Hersagen des Prophetenabschnitts nach der Vorlesung des Wochenabschnitts aus der Lehre Moses

hier von Politik und Rassenunterschieden! Alle, die hier wohnten, waren Menschen. Außer diesen Menschen gab es nur noch eine zweite Gattung Lebewesen, das Vieh. O gewiß! die Hauländer wußten, daß es auch noch Polen, Franzosen und Juden gab. Aber einen Polen konnte man sofort an seiner Sprache und Kleidung erkennen. Die Franzosen, die Feinde, ach, die wohnten weit, weit fort von hier. Und die Juden lebten in den Städten, standen hinter ihren Ladentischen und verkauften dort ihre Waren. Alle Dorfbewohner waren Menschen, Deutsche. Auch die Gabriel, Aron und Esther waren Menschen, Deutsche. Der Pfarrer, die beiden Lehrer und der Förster, die Bücher und Zeitungen lasen, die wußten schon von den Juden und sprachen von ihnen, aber auch sie dachten dabei nie an die Gabriel und ihre zwei Kinder. Die gehörten zum Dorf, seit langen, langen Jahren, und nie fiel es ihnen ein, daß die Gabriel eine Jüdin sei. Was ging sie das auch an? Die Gabriel war genau so wie die andern Dorffrauen und Aron und Esther genau so wie die andern Dorfkinder. —

Ja, zum Herrn Pfarrer ließ sich die Gabriel führen. Der war ja so gut und so gelehrt, viel gelehrter als der Förster und die Lehrer.

Esther im kürzen Röckchen, ohne Strümpfe, in Holzpantinen, geleitete die Blinde durch die lange Dorfstraße. Das Dorf streckte sich sehr lang hin, denn um jedes Bauerngehöft lag ringsherum der ganze Acker. Die Nachbarn konnten sich nicht in die Fenster gucken. Zwischen einem

Gehöft und dem andern war immer ein ziemlich großer Zwischenraum. Es war für die Blinde eine weite Reise zum Herrn Pfarrer. Die Kirche mit dem Pfarrhaus lag gerade an der entgegengesetzten Seite des Dorfes. Die Gabriel mußte hin und wieder in einem Gehöft Einkehr halten, um sich auszuruhen. Wo sie eintrat, freute man sich mit ihr, man hatte sich so lange nicht gesehen! Manche der Bäuerinnen hatte die Gabriel, trotzdem man in derselben Gemeinde lebte, schon mehrere Monate, manche gar einige Jahre nicht gesehen, die Frauen hatten keine Zeit, sich zu besuchen und nutzlos zu plaudern. Das ganze Jahr gab es der schweren Arbeit soviel zu leisten. Jede Jahreszeit verlangte das ihre. Wenn im Frühjahr der Schnee fortging, das Tauwasser die Gräben füllte und den Acker und die Wiesen zu überschwemmen drohte, mußte überall für reichlichen Abfluß gesorgt und mit dem Spaten und der Schaufel nachgeholfen werden. Der Dünger mußte aus den Ställen geschafft, auf die Felder gebracht und ausgebreitet werden. Alles das taten die Frauen mit den Männern gemeinschaftlich. Aber viele Arbeiten wurden von den Frauen das ganze Jahr hindurch gleichmäßig allein geleistet, das Melken der Kühe, die Besorgung des Federviehs, der Ziegen und der Schweine. Ach, was gab es da nicht immerfort und immerfort zu tun! Dazwischen kam alle paar Jahre ein Kind, das wollte neben dem Vieh doch auch seine Abwartung haben. Eine Kuh oder ein Kind wurde doch auch mal krank, da wußte man gar nicht, wo zuerst hin. Ja, die Frauen hatten keine Zeit, sich zu putzen, Besuche zu machen und zu plaudern wie die Städterinnen. In der Woche hatten sie Arbeit über Arbeit in der Wirtschaft. Nur am Sonntag nahmen sie ihren Staat aus den Schränken, um in die Kirche zu gehen. Keine bunten Kleider wie drüben die Polinnen. Wie das Leben der Hauländerinnen trübe und einsam war, so auch die Kleidung, sogar der Festtagsstaat, dunkel, fast schwarz. Die Hüte waren ein wenig mit bunten Bändern geziert, aber ganz unauffällig, auch sie erschienen beinahe schwarz. So gingen die Hauländerinnen, wenn die Kirchenglocken weit hinaushallten, in das Gotteshaus, wo der alte Lehrer auf der Orgel so wundervoll präludierte, ehe die Choralmelodie einsetzte, und wo der junge Pfarrer so zu Herzen sprach und von der Welt draußen erzählte, und die Jugend ermahnte, nie der Eltern zu vergessen. Dann kamen allen Andächtigen die Tränen in die Augen. — Beim alten Pfarrer weinte man nie. Der wetterte und tobte oben auf der Kanzel, daß man beinahe lachen mußte und mancher trotz des Lärms, den er machte, in einen sanften Schlaf verfiel. Aber beim jetzigen jungen Pfarrer schlief niemand ein oder lachte gar jemand. Nein, er drohte ja gar nicht und war nie zornig, er erzählte eigentlich mehr als er lehrte. Solch ein Pfarrer war noch nie im Dorfe gewesen. Nein! das sagten alle, auch die Männer und die Kinder empfanden es.

Die Gabriel war nun auf dem Wege zu diesem Pfarrer. Wie schade, daß sie das poetische, mit grünem Wein ganz umlaubte, Frieden und Zufriedenheit atmende Pfarrhaus nicht sehen konnte! Es stand an der Landstraße, hinter einem kleinen Vorgärtchen; drei Stufen führten auf eine Veranda, die auch ganz grün umrankt war, darauf ein weißer Tisch mit weißen Stühlen. In einem bequemen Sessel saß über eine Handarbeit gebückt eine weißhaarige Dame, eine Tante des Pfarrers, dem sie den Haushalt führte. Sie entstammte, ebenso wie er selber, einer Danziger Patrizierfamilie. Ihren verstorbenen Mann, der einmal ein reicher Handelsherr gewesen war, konnte man regelmäßig um die Mittagszeit am Langen Markt auf der Börse, dem früheren Artushof, sehen. Ein königlicher Kaufmann! er hatte den Neffen, der ein Waisenkind war, studieren lassen, später verlor der Kaufherr sein Vermögen und starb bald darauf. Die Tante zog mit dem Neffen, der seine Universitätsstudien gerade beendet und die erste Pfarrstelle in dem Dorf in der Hauländerei erhalten hatte, zusammen. Aus dem Schiffbruche hatte sie nur ihre kunstvollen alten Danziger Möbel gerettet, die ihr Haus in der vornehmen Hundegasse geziert hatten. Nun gestalteten sie beide das einsame Pfarrhaus zu einem kleinen Kunstgewerbemuseum aus. Ach, wie schade, daß die Gabriel das alles nicht sehen konnte! In dem Hausflur standen die alten, geschnitzten, großen, schweren Danziger Schränke. Die kunstvollen, messingnen Türbeschläge und Türklopfer von dort waren auch hier wieder angebracht. Im Studierzimmer standen rings an den Wänden die mächtigen Bibliothekregale, mit hunderten von Büchern gefüllt, alles wohlgeordnet. Nicht nur Werke der Theologie, sondern auch der Philosophie, der Naturwissenschaften, der Belletristik, der Politik und Nationalökonomie. Eine ganze Abteilung enthielt hebräische Bücher. Wenn die Gabriel das alles gesehen hätte, wäre sie vielleicht kleinmütig geworden und hätte keinen Mut gehabt, mit dem gelehrten Manne zu sprechen. Aber es ist doch mal so, mit gelehrten und klugen Menschen läßt es sich besser und leichter plaudern als mit Halbgebildeten, denen gegenüber man sich oft so dumm vorkommt. Die Gabriel brachte ihr Anliegen ohne Scheu vor, und der gute Pfarrer nahm ihre Hand und sprach mit ihr wie mit einer Mutter und mit Esther, wie mit einem Schwesterchen.

„Wann wird denn Aron dreizehn Jahre alt?“, fragte der Geistliche.

„Am 30. April des nächsten Jahres.“

„Das wird wohl im Monat Nissan oder Ijar[6] sein,“ bemerkte er.

„Hören Sie, Frau Gabriel, ich werde mir einen jüdischen Kalender kommen lassen und nachsehen, welche „Sidrah“[7] an dem auf den 30. April folgenden Sabbat in den Synagogen verlesen wird. Die dazugehörige Haftarah[8] kann Aron bei mir lernen. Allerdings kann ich ihn nur das

[6] die ersten beiden Monate des jüdischen religiösen Jahres

[7] der aus der Lehre Moses am Sabbat verlesene Wochenabschnitt

[8] der Prophetenabschnitt

hebräisch Lesen und die Übersetzung lehren, die vorgeschriebenen Betonungsarten „Sarko, Segol, Munach“[9] usw. sind mir nicht geläufig. Aber wir können gleich mal mit dem alten Sebastian sprechen, der nebenan wohnt. Der ist ja ein großer Musiker, vielleicht kennt er auch die hebräischen Melodien, und wenn nicht, werde ich den Herrn Rabbiner in der Stadt fragen, ob nicht den Vorschriften Genüge geschieht, wenn Aron die Haftarah nur vorliest, statt sie zu singen.“

Lehrer Reichel war bald zur Stelle, der würdige Alte, der nun schon pensioniert war. Er gab in der Schule nur noch den Gesangunterricht und spielte als Organist in der Kirche die Orgel. Oh, was war der für ein Musiker! Wie wundervoll verstand er es, die Register zu mischen! wie virtuos behandelte er die Pedale! Er hatte seine Ausbildung auf dem Seminar genossen, spielte Orgel, Klavier und Violine, hatte die Harmonielehre gelernt, den Kontrapunkt und die Kompositionslehre studiert, und schrieb selbst hübsche Präludien und Postludien zu den Chorälen. Er war ein glühender Anbeter Bachs, und er konnte es seinen Eltern nicht verzeihen, daß sie ihn nur auf den Vornamen Johann getauft hatten. Wie gerne hätte er Johann Sebastian Reichel geheißen. Man kannte seine Schwäche, und deshalb nannte man ihn von jeher immer schon „Sebastian“ und jetzt „den alten Sebastian“. Denselben Fehler wie seine

[9] Tonzeichen für die psalmodierende Vortragsweise

Eltern wollte er nicht wiederholen, und daher bekam sein Erstgeborener in der Taufe die Namen Johann Sebastian. Damit war nun aber der Sohn gar nicht beglückt, er hatte trotz des musikalischen Namens und Vaters wenig Verständnis und Interesse für Musik, sondern war von Jugend an ein Bastler. Verfertigte kleine Maschinen, Mühlen, Wasserräder, Pumpen. Er studierte später das Maschinenbaufach, und wie sein Vater den Fugenkomponisten Bach, so verehrte er den Erfinder der Dampfmaschine Watt. Ach, hätten ihn seine Eltern doch auf den Namen James getauft! Er hätte so gerne James Reichel statt Johann Sebastian Reichel geheißen. Ja, ja, die Eltern können es den Kindern nie recht machen!

Lehrer Reichel kannte sehr wohl die alten Kirchentonarten, die phrygische, lydische, mixolydische, äolische und jonische. Er kannte auch die jüdischen Tonleitern, den „Magen Aboth-Steiger“[10], den „Jischtabach-Steiger“[10], aber die „Neginaus“[11] für die Haftarah kannte er nicht, er konnte Aron nicht helfen. Da suchte der hilfsbereite Pfarrer gelegentlich seines nächsten Besuches in der Stadt seinen jüdischen Amtsbruder, den Rabbiner, auf. Der sagte, daß es das erstemal in seiner Gemeinde sein würde, daß man die Haftarah nicht singt, sondern spricht. Das sei aber nur eine Gewohnheit, keine Vorschrift. In vielen Synagogen würde sie jetzt überhaupt nicht mehr gesungen. Aron

---

[10] Vortragsweisen für bestimmte Sabbat- und Festgebete

[11] musikalische Phrasen für den psalmodierenden Vortrag

Gabriel müßte aber außer der Haftarah noch vorher den vorgeschriebenen Segensspruch und nach der Vorlesung die vier Segenssprüche mit dem Schluß „gelobt seist Du, Ewiger, der Du den Sabbat heiligst“ sprechen. Der Rabbiner gab dem Pfarrer einen „Siddur“[12] mit, in dem diese Sprüche standen, auch diese würde Aron bei ihm lernen können. —

Der Tag der Barmizwah war gekommen. Sie wurde in der Stadt von Benjamins Vater in dessen Hause feierlich ausgerichtet. Aron hatte seine Haftarah und die „Broches“[13] ohne Fehler mit lauter, deutlicher Stimme vorgetragen, und lautlos hatten alle gehorcht. Nur bei jedem der vier Segenssprüche nach der Haftarah, wenn Aron den Namen Gottes aussprach, fiel die Gemeinde andächtig mit den Worten ein: „Gepriesen sei Er und gepriesen Sein Name!“ Und zum Schlusse jedes Segensspruches hallte durch den Tempel ein feierliches „Amen“. Wieviel Geschenke bekam der überglückliche Barmizwah! eine Uhr, ein Reißzeug, einen Globus, und wieviel herrliche Bücher, die Werke von Theodor Körner, Schillers Gedichte, eine griechische und römische Götterlehre. Aber das schönste, kostbarste Geschenk war doch das des Pfarrers aus seinem Heimatdörfchen: Ein „Chumesch“[14], in das sein Haftarah-Lehrer mit hebräischen Lettern eingeschrieben hatte:

---

[12] Gebetbuch für die Werktage und den Sabbat

[13] Benediktionen zum Beginn und Schluß der Vorlesung

[14] die fünf Bücher Moses

„Se hajaum ossoh Adonaj, nogiloh w'nissmechoh wau“[15]!

„Diesen Tag hat der Ewige geschaffen, lasset uns jubeln und uns freuen an ihm! Meinem lieben Schüler Aron Gabriel zur Erinnerung an seinen Lehrer.

Pfarrer Moldenhauer.“

Dieses Buch ging bei allen Gästen staunend von Hand zu Hand. Ach, die blinde Gabriel konnte es nicht sehen. Sie hielt es nur überwältigt vor Rührung in der Hand. Und als ihr die Tränen aus den toten Augen flossen, war es ihr, als ob sie ein Sonnenstrahl von innen her erleuchtete.

Arons Barmizwah war ein Erlebnis. Die Vorsteher und Repräsentanten waren der Einladung von Benjamins Vater gefolgt, um dem armen Waisenkinde aus der Hauländerei und damit der blinden Frau durch ihr Erscheinen und ihre Geschenke eine „Mizwoh“[16] zu erweisen. Benjamins Vater fühlte sich heute gewissermaßen als jüdischer Hauländer, da er ja im Dorfe, wo die Gabriel wohnte, seine Landwirtschaft hatte, die Gabriel und er gehörten heute zusammen. Der Rabbiner sagte zu Aron: „Die Haftarah hast du bei dem evangelischen Geistlichen gut gelernt, aber das ist noch nicht alles, was du als Barmizwah wissen mußt. Und da du es draußen auf dem Lande nicht lernen kannst, komme morgen, ehe du wieder ins Dorf hinausfährst, zu mir, und ich werde dich unterweisen.“ Und der

---

[15] Psalm 118, 24

[16] religiöses Pflichtgebot

fromme Rabbi lehrte Aron die Gebetriemen[17] anlegen, machte ihn mit den Vorschriften des „Kiddusch“[18] am Freitag abend und der „Hawdoloh“[19] am Sabbat-Ausgang und mit noch anderen Vorschriften bekannt und gab ihm einige Bücher über das Judentum mit, die er lesen sollte. Dann hielt er ihm noch eine feierliche Ansprache, in der er ihm von Wahrheit, Frieden, Nachsicht, Bescheidenheit, Glauben und Hoffnung predigte und schloß: „Erfülle, mein Sohn, stets mit Liebe und Treue deine staatsbürgerlichen Pflichten, aber gedenke auch stets der Religion deiner Väter! Gedenke stets deiner unglücklichen Brüder und Schwestern, die in ungerechter Grausamkeit immer wieder verfolgt und von Haus und Herd vertrieben werden. Hilf mit, ihnen eine Heimstätte zu schaffen, wo sie leben, arbeiten und ihrem Gotte dienen können! Lasse nimmermehr in dir ertöten die heilige Flamme der Begeisterung für das nach den vier Enden der Erde gejagte jüdische Volk und lasse nicht auslöschen aus den heiligen Büchern und aus deinem Herzen das Wort ‚Jeruschulajim‘! Der Herr segne dich und verleihe dir Frieden! Amen. Und nun gehe in dein Dorf zurück.“

Aron war nun schon über ein Jahr Lehrling beim Glasermeister im Dorf. Er stellte sich sehr gut an und der

---

[17] ein auf V. B. Mose 6, 8 zurückgehendes religiöses Gebot

[18] Weihegebet an Sabbat- und Festtagen

[19] das Scheidegebet an diesen Tagen

Meister sagte: „Aron, du bist sehr geschickt, du wirst nicht drei Jahre zu lernen brauchen.“ Und zu anderen sagte er: „Der Aron Gabriel ersetzt mir heute schon einen Gesellen.“ Darum schickte er ihn auch schon in die Häuser zum Verglasen von Fenstern, nicht nur im Heimatdorf, auch in den weiteren benachbarten Dörfern, weit, weit fort, bis nach Seedorf mit dem großen schönen See. Oh, wie groß ist die Welt! dachte Aron. Seedorf ist wohl über drei Meilen von der Heimat entfernt, so weit war er noch nie fortgewesen. Aber die Menschen dort schienen auch nicht anders zu sein als zu Hause. Nur das Mädchen dort vor der Tür war doch wohl schöner als alle die, mit denen er in der Schule zusammen gewesen war. So schön und anmutig waren die Mädchen im Heimatdorf doch wohl nicht. Er sprach sie an: „Möchtest du mir nicht ein Glas Wasser geben, ich habe solchen Durst.“

„Ich werde dir ein Glas kühle Buttermilch aus dem Keller holen.“ Sie erquickte ihn, und er dankte ihr mit Blick und Händedruck. So trennten sie sich. — — —

Aron arbeitete in der Werkstatt. Er rahmte ein Öldruckbild für den Lehrer Rosin in Seedorf ein, das die sixtinische Madonna darstellte. Seine Augen sahen das Bild, aber sein Herz weilte in Seedorf. Das Mädchen dort hatte etwas von dieser Madonna. Ach! Wenn doch in Seedorf wieder einige Fensterscheiben zerbrechen möchten und der Meister ihn wieder dorthin schickte! Aber die Scheiben blieben einstweilen ganz, und nur Arons Herz schien brechen zu wollen. Er verzehrte sich vor Sehnsucht. —

Aron legte jeden Morgen, ehe er zur Arbeit ging, die Tefillin an, und abends las er in den Büchern, die ihm der Rabbiner mitgegeben hatte. An den Pfosten der Haustür heftete er eine Mesusah[20] an. Am Freitag abend brannten bei Gabriels zwei Lichter auf dem Tisch, und Aron trug seine Kopfbedeckung. Das fiel den Nachbarn auf. Bisher hatte man die Gabriel und ihre Kinder nicht mehr beachtet als alle anderen Dorfbewohner, aber jetzt fielen die Leute auf. Man steckte die Köpfe zusammen. Was war denn das an der Tür für ein Futteral mit den rätselhaften Zeichen, die niemand entziffern konnte? So etwas war im Dorfe noch nie gesehen worden. Warum brannten dort immer am Freitag abend die Lichter? — Jetzt besann man sich, daß die Gabriel noch nie in der Kirche war. Das war bisher an der Blinden nicht so auffällig gewesen. Aber die Kinder waren ja auch noch nie in der Kirche gesehen worden. Die Dorfbewohner raunten es sich zu: „Gabriels sind Juden." Bisher hatten alle Dorfbewohner dieselben Sitten, dieselben Gebräuche, dieselben Interessen gehabt. Nichts trennte sie in ihren Anschauungen. Alle wünschten sich zu derselben Zeit Regen, alle zu derselben Zeit Sonnenschein, alle arbeiteten an denselben Tagen und feierten zu gleicher Zeit. Es gab keine Meinungsverschiedenheiten, keine Parteien.

---

[20] Kapseln mit Pergament, die Verse V. B. Mose 6, 4/9 und 11, 13/21 enthaltend

Jetzt aber spaltete sich die Gemeinde. Es entstanden zwei Gruppen: Die für und die gegen die Juden. Man kam öfter als früher im Gasthause zusammen, da gab es erregte Diskussionen, die man bisher hier nicht gekannt hatte. Esther kam weinend nach Hause: „Die Freundinnen gingen ihr aus dem Wege und wollten nicht mit ihr spielen." — Der Pfarrer predigte von der Kanzel, daß alle Menschen die Kinder eines Gottes seien, und daß in der jüdischen Bibel das Wort stände: „Liebe deinen Nächsten, wie du dich selbst liebst!" Der Pfarrer aber verlor dadurch einen Teil seiner bisherigen Verehrer. —

Was hatte sich denn bei den Gabriels geändert? sie waren genau so ordentlich und brav wie früher. Esther war genau so fleißig wie bisher, Aron war ein zuverlässiger, geschickter, pflichtgetreuer Glaserlehrling, mit dem der Meister überaus zufrieden war. Was war geschehen? An Gabriels Häuschen hing eine Mesusah, die niemandem schaden konnte, und am Freitag abend brannten Lichter, die niemanden zu stören brauchten. Gabriels spürten sehr bald den Umschwung der Stimmung im Dorf. Die Alte sagte: „Aron, nimm die Mesusah ab, und verhänge am Freitag abend fest die Fenster, damit wir nicht auffallen." Aron sagte: „Das tue ich nicht, ich bin stolz darauf, ein Jude zu sein, und will mich nicht kriecherisch verstecken. Ich tue wie alle Dorfbewohner meine Pflicht und komme niemandem zu nahe."

Die Mutter mahnte: „Wir wohnen im fremden Lande, wir müssen uns bescheiden fügen."

Aron entgegnete: „Haben wir keine Rechte wie die anderen?“

Die Mutter rief: „Gehe zum Herrn Pfarrer, höre, was er, der Gute und Weise, sagt!“ — — —

Der Pfarrer sprach: „Es ist ein Fluch seit Jahrhunderten, daß der Jude, auch der beste, wo er erscheint, unter den Christen Unruhe und Zwietracht stiftet. Verbirg und verleugne dein Judentum nicht, Aron! dadurch erwirbst du dir bei den Andersgläubigen auch keine Achtung. Tue deine Pflicht in der Gemeinde und bei deinem Meister, und halte fest an dem Glauben, in dem du geboren bist! Das wird dich deinen Lohn finden lassen. Jede Religion ist gut und wertvoll. Wer weiß es, welche die beste ist? nimm und lies dieses Buch: „Nathan der Weise“. — Und am nächsten Freitag abend konnte man die Lichter bei Gabriels wie bisher brennen sehen.

Endlich sollte Aron wieder nach Seedorf gehen. Wie jubelte sein Herz, wie rüstig schritt er aus. Er konnte gar nicht schnell genug vorwärts kommen. Wie schön war der Weg durch die schattigen Alleen, wie dufteten die Feldblumen, wie lieblich sangen die Rotkehlchen, die Meisen und wie lustig-schelmisch der Pirol! Hörte er heute zum erstenmal den Kuckuck aus dem Walde rufen? es schien ihm so. Den Waldweg am Forsthause vorbei wollte er heute wählen, über den Teppich von Moos, einen hübschen Strauß von Farren und Waldblumen schnell pflücken, denn es war ja kein bloßer Geschäftsgang, auf dem er sich befand. Zur Liebsten ging es ja, hin zu der Geliebten! Er wanderte froh und heiter, und wenn leise durch die Blatter ein Sonnenstrahl zu ihm drang, dachte er an sie, die sein Sonnenstrahl war.

Aron, Aron, sind es nicht zu junge Liebesstürme, die dein Herz durchwehen! Das Mädchen in Seedorf ist schön, o gewiß, und freundlich und hat dich mit einem Labetrunk erquickt! Darf ein Mädchen nicht schön und freundlich sein, ohne daß es gleich in Liebe erglüht?

Aron marschierte flott. Schon war er nahe am schilf- und kalmusumrahmten See. Was tat die bewegte Schar der Kinder dort? Das waren nicht Freudenrufe, die von dort herüberschallten. Er eilte hin. Was ging hier vor? welche Erregung! Ein Mädchen kämpfte mit den Wogen. Die Kinder schrien ratlos. Sie machten vergebliche unzweckmäßige Rettungsversuche. Ein Mädchen! Gleichgültig wer sie ist, es gilt ein Menschenleben! Aron entledigte sich hastig seines Glaserrahmens, seiner Kleider und stürzte sich in die Fluten. Er brachte die fast Leblose ans sichere Ufer. Man bettete sie unter einem Weidenbaum. Er legte die Blumen, die er im Walde gepflückt, an ihre Seite, denn für sie, die nun die Augen aufschlug, hatte er den Strauß ja gewunden.

Die auf einer Kahnfahrt auf dem See Verunglückte war Marianne Rosin, die Tochter des Seedorfer Lehrers. Das anscheinend so harmlose Gewässer forderte fast in jedem Jahr ein Opfer, denn es war sehr tief, auch schon am

Ufer. Wenn Aron nicht hinzugekommen wäre, hätte man wahrscheinlich eine Leiche geborgen.

Wie ein Lauffeuer verbreitete sich im Dorfe der Ruhm des mutigen, braven jüdischen Jungen. Lehrer Rosin und seine Frau konnten sich an Dankesbezeugungen nicht genugtun. Aron aber entzog sich bescheiden allen Huldigungen, nahm sein Gestell mit den Glasscheiben auf den Rücken und ging seines Weges weiter, um den Auftrag seines Meisters auszuführen.

Marianne war krank geworden, sie fieberte. Da die Hausmittel und sogar die Heilmittel des Schäfers nicht halfen, mußte doch schließlich ein Arzt aus der Stadt an das Krankenbett gerufen werden. Man mußte schon sterbenskrank sein, wenn ein Arzt dort hinauskam. In der Hauländerei war schon lange, lange kein Arzt gewesen. Das Ereignis, daß bei der verunglückten Tochter des Lehrers Rosin der Doktor war, wurde nicht nur in Seedorf, sondern auch in den Nachbardörfern teilnahmsvoll besprochen. Auch Aron hörte davon. Ach! wenn sein Rettungswerk vergeblich gewesen wäre! Wie mochte es der Geliebten jetzt gehen? wie könnte er es erfahren? — Wann kam wohl ein Wanderer von Seedorf nach Grünkirch, wo Gabriels wohnten? Vielleicht würde der Briefträger mal Nachricht bringen, vielleicht der Gendarm. Aber sie kamen nicht. Ob Aron mal einen Brief an den Lehrer schreiben und ihn nach dem Befinden der Tochter fragen sollte?

Als ihr Retter hatte er vielleicht ein Recht dazu; das wäre wohl nicht unpassend gewesen. Aber dann hätte man vielleicht gemerkt, was in seinem Herzen vorging. Dieses heilige Geheimnis wollte er in seinen verborgensten Kammern einschließen und bewahren. Die Mutter sagte: „Du bist so traurig, mein Kind." Der Meister tadelte: „Aron, du bist zerstreut." —

„Meister," fragte Aron, „ist keine Glaserarbeit in Seedorf zu machen?"

„In Seedorf? wie kommst du darauf? Was zieht dich nach Seedorf?" Aron merkte, daß man nicht viel sprechen dürfe, wenn man ein Geheimnis im Busen trägt, und wollte nun still sein.

„Könnte ich ihr als Liebesgruß nicht heimlich eine Blume schicken? aber wie das ausführen? Ich weiß es nicht, Seedorf ist zu weit entfernt, über drei Meilen."

Aron kam an einem der nächsten Tage von der Arbeit nahe am Pfarrhause vorüber. Die Sonne versank mählich. Der Pfarrer machte seinen allabendlichen gewohnten Spaziergang durch die Felder am Waldesrand. Hier fühlte er sich freier und andächtiger als in der Kirche. Die kleine Anhöhe an dem lieblichen Flüßchen mit der birkenen Bogenbrücke, das sich in mäandrischen Windungen durch den Wald schlängelte, bis es sich bei Seedorf mit den Fluten des großen Sees vermählte, stieg der Pfarrer langsam hinan. Da oben fühlte er sich der Gottheit am nächsten. Hier war er nicht der Prediger, hier war er der Andächtige, und der Schöpfer predigte ihm. Als er Arons ansichtig wurde, rief er ihm zu und winkte ihn heran. „Ich habe von deiner mutigen Tat gehört, mein Junge. Ich war gestern in Seedorf bei Rosins, wo man des Lobes voll für dich ist. Dem Mädchen geht es Gott sei Lob und Dank wieder gut." O wie atmete Aron auf, als er das hörte. „Und nun, mein Sohn, bitte dir eine Belohnung aus. Der Gemeindevorstand hat beschlossen, dich zu ehren. Worüber würdest du dich am meisten freuen?" Aron besann sich nicht lange. Er sagte: „Herr Pastor, wenn ich einen Wunsch aussprechen darf, könnte ich nicht einmal dabei sein, wenn bei Herrn Lehrer Rosin Quartett gespielt wird? ich höre so gerne Musik." Aron hatte schon recht, sich nach einem solchen musikalischen Abend zu sehnen, bei dem außer den Mitspielenden niemand außer Frau Rosin und Marianne anwesend war. Lehrer Rosin spielte die erste Violine, Lehrer Reichel die zweite, der Pfarrer Cello, die Bratsche der Gendarm, der zehn Jahre Mitglied einer Regimentskapelle gewesen war, in der er in der Harmoniemusik die Oboe und im Streichorchester die Viola gespielt hatte. Alle vier waren auf ihren Instrumenten kleine Meister, und wenn es draußen in der Welt ganz gewiß viel größere Virtuosen gab, mit einer größeren Hingabe, einer größeren Begeisterung, mit größerem musikalischen Empfinden sind Haydns Quartette wohl nie und nirgends gespielt worden wie hier in dem einsamen Dörfchen. — Es war von Aron doch wohl eine Kühnheit — er sagte sich „eine Chuzpe" —, daß er, der jüdische Glaserlehrling, sich in diese vornehme christliche Gesellschaft eindrängen wollte. Man denke sich: Die Honoratioren der Gemeinde: der Lehrer, der Organist, der Gendarm mit dem silbernen Portepée, der Pfarrer! Kaum hatte Aron seinen Wunsch ausgesprochen, als er ihn schon reute. Man sollte sich doch das Wort mehr überlegen, ehe man es ausspricht. Was würde der Pfarrer von ihm denken, und was würde er zu hören bekommen! Aber der war gar nicht zornig, er sprach freundlich: „Mein guter Junge, ich glaubte, daß du zwischen der Rettungsmedaille und einem Geldgeschenk wählen würdest." — „Nein, Herr Pastor, wenn es nicht unbescheiden ist, ich möchte lieber die Musik hören." —

Am nächsten Sonnabend erhielt Aron von seinem Meister um 4 Uhr für den Rest des Tages Urlaub und wanderte nach Seedorf. Nachbar Rosenke, dessen Gefährt ihm auf halbem Wege begegnete, lud ihn ein aufzusitzen, aber Aron dankte dem freundlichen Manne und lehnte ab — es war ja noch Sabbath.

Aron betrat das Schulgebäude und lauschte. Schon hörte er das Stimmen der Instrumente. Ihm pochte das Herz. Das war hier kein alltäglicher Raum, der profanen Zwecken diente. Das war eine Stätte der Kunst, eine Kapelle, in der die Madonna thronte. Ihm war, als ob ihm wie dem Mose ein Engel zurief: „Ziehe deine Schuhe von den Füßen, denn der Ort, auf dem du stehst, ist heiliger Boden." Ja, diese auf- und abwogenden Akkorde und reinen

Harmonien, die hier erklangen, waren heilige Kunst. Diese Gefühle, die die Spieler durchströmten, waren heilig. Aber heilig war auch das, was in den Seelen der andächtig lauschenden Zuhörer widerhallte.

Marianne las viele gute Bücher. Sie las sie mit Verständnis und machte sich Auszüge von den Stellen, die ihr besonders wertvoll erschienen. Wenn sie etwas nicht verstand oder ihr unklar war, fragte sie ihren Vater. Lehrer Rosin war zwar nur ein Dorfschullehrer, aber sein Wissen war bedeutender als das manches Gymnasialprofessors. Er schrieb selbst kleine Geschichten und Novellen, die in den Familienblättern abgedruckt wurden. Marianne zog Aron zu sich empor.

Einmal zeigte Aron schüchtern ein Zettelchen und sagte zu Marianne: „Neulich, als ich am frühen Morgen durch die Felder ging, kam es über mich, und ich habe ein kleines Gedicht niedergeschrieben. Willst du es hören?" Und er las:

Gepriesen seist du, Herr,
Für deine unendliche Huld! —
Im Osten steiget hell
Die feurige Sonne empor.
Es klingt das goldene Feld
Vom Liede der mähenden Schnitter.
Die Vöglein singen dir.
Wie? Sollte ich dir dann nicht singen?

Gepriesen seist du, Herr,
Für deine unendliche Huld!

„Sieh mal an," sagte Marianne, „du bist ja ein Dichter, Aron. Aber schade, daß die Verse sich nicht reimen. Gereimtes klingt doch viel schöner." Und Aron sagte: „Ich werde versuchen, ob ich nicht reimen kann." —

Das nächste Mal brachte er ihr ein Gedicht, das hatte er fein säuberlich auf ein Blatt geschrieben, auf das er eine gepreßte Wiesenblume geklebt hatte. Sie las:

Ich wanderte froh durch den Wald und den Hag
So wohlgemut in den Frühlingstag,
Da mußt' ich deiner gedenken,
Geliebtes Kind,
Denn du bist ja mein Frühlingstag.
Und wenn sich leis durch die Blätter stahl
Zu mir ein güldener Sonnenstrahl,
Mußt' wieder ich dein gedenken,
Geliebtes Kind,
Denn du bist ja mein Sonnenstrahl.

„Ach! ist das schön!" rief Marianne, „hast du das Gedicht denn mir gewidmet?" —

„Ich habe dabei an dich gedacht."

„Das muß ich dem alten Sebastian zeigen," sagte Marianne, „vielleicht setzt er es in Musik. Ich möchte es gerne singen."

Lehrer Reichel sagte: „Es ist ein schöner Text, er eignet sich wohl zur Komposition. Aber ich vermag nicht auf

Bestellung zu komponieren. Die Stimmung muß über mich kommen, vom Himmel muß mir die Melodie zuströmen, die Begleitung will ich dann, so wie ich es gelernt habe, hinzusetzen." — —

An einem der nächsten Quartettabende brachte „Sebastian" die Niederschrift mit. Die Melodie war dem Texte angepaßt, einfach und leicht singbar. Der Komponist hatte ganz sinnig ein Marschtempo gewählt, die Begleitung war, wie bei dem alten Organisten, der immer an seine Orgel dachte, nicht anders zu erwarten, im vierstimmigen Satze choralartig gehalten. Er war sehr stolz darauf, daß er beim dritten Verse „Da mußt ich deiner gedenken", in eine andere Tonart hinübermodulierte. Aber er wagte es nicht, sehr entfernt auszuweichen und flüchtete sich schnell wieder zur Dominante zurück, um bald die beruhigende Tonika zu erreichen. Marianne trug das Lied mit ihrer nicht ganz ungeschulten klangvollen Sopranstimme, auf dem Flügel vom Pfarrer mit seinem weichen Anschlag anschmiegend begleitet, recht hübsch vor, und Sebastian, der Komponist und Aron, der Dichter, wurden besonders mit Anerkennung überschüttet.

Aron regte bei Marianne einen Waldspaziergang am Feierabend eines der nächsten Tage an. Sie wollten sich auf halbem Wege treffen, an der romantischen Stelle im Fichtenwalde, wo das Flüßchen die Hügelkette wie eine kleine Porta Westfalica durchbricht. Beide wollten etwa zu gleicher Zeit in ihren Booten abfahren, Aron etwas später, da er doch kräftiger als Marianne ruderte und schneller vorwärts kam, schon deshalb, weil sie ja gegen die Strömung ankämpfen mußte. — Aron war zuerst an der verabredeten Stelle, er mußte warten, Marianne war nicht da. Er stieg den Hügel hinan, bis zu der Lichtung, wo man den Fluß ziemlich weit übersehen konnte. Kein Kahn war zu erblicken. Kein Ruderschlag zu hören und es war doch so still. Aron durchbebte sehnsüchtige Erwartung.

Einsamkeit — Totenstille —.

Wo blieb Marianne? Frauen haben mit ihrem Putz länger zu tun als Männer, da verrechnen sie sich leicht und können die Zeit nicht so pünktlich innehalten. Schon hatte Marianne das Boot gelöst gehabt und wollte einsteigen. Da mußte sie noch einmal umkehren und in ihr Stübchen hinaufeilen, sie hatte etwas vergessen. Irgend etwas war liegen geblieben, aber das konnte sie jetzt nicht leicht finden, an der gewohnten Stelle lag es nicht. Nun ging es ans Suchen. Ja, so sind die Frauen, sie verlegen ein Handtäschchen, und einem Manne droht vor banger Erwartung das Herz zu zerspringen. Wenn Aron den Grund der Verspätung gekannt hätte, wäre er nicht so ungeduldig und unruhig gewesen. So aber machte er sich finstere Gedanken. Er stieg in sein Boot, um nach Seedorf zu fahren. Warum kam sie denn nicht? Da! an der scharfen Krümmung hinter dem Schilf ein Ruder. Ein freudiger Zuruf, ein heiteres Lachen! Wegen eines vergessenen Handtäschchens diese Unruhe, diese Angst? — —

Sie wanderten zwischen den Bäumen, über die Hügel durch den kühlen Grund, sie pflückten Waldbeeren und Blumen, sie atmeten den harzigen Duft der Fichten. Sie sprachen und träumten und waren glücklich. — — —

Die Abendschatten senkten sich. Sie bestiegen, ein Abschiedslied singend, die Boote. Marianne begann: „Oh, wie wohl ist mir am Abend." Und als sie fortsetzte: „Wenn zur Ruh die Glocken läuten", fiel Aron in den Kanon ein. Sie ruderten nach verschiedenen Richtungen. Immer leiser vernahm einer des anderen: Bim, bam, bim, bam, bis es ganz verhallte. Aber vom Kirchturm erklangen jetzt für beide hörbar die Abendglocken.

Die abendlichen Kahnfahrten und Waldwanderungen wiederholten sich jetzt öfter, Frau Lehrer Rosin sah sie nicht gern. Die Erfahrene kannte aus eigenen Erlebnissen die drohenden Gefahren. Sie durfte es nicht so weit kommen lassen, daß aus der bisherigen Freundschaft etwa die große Liebe emporwuchs. Selbst der freundschaftliche Verkehr Mariannes mit Aron in der Familie war ihr im Grunde des Herzens nicht erwünscht. Ein jüdischer junger Mann paßte nicht in ihr Haus und zu dessen Gästen. Mit dem Pfarrer und seiner Tante, dem Organisten, dem Gendarmen mit seiner Frau, dem Förster und der Frau Försterin standen Rosine auf Besuchsfuß. Etwas Höheres gab es doch nicht. Freilich, sie, Frau Emerenzia Rosin, war ihnen ja ebenbürtig, sie, die Tochter eines Kaserneninspektors mit dem Kronenorden 4. Klasse. Es wäre ein nicht auszudenkendes Unglück, wenn Aron etwa ernste Absichten haben und Marianne ihm folgen sollte. Wäre nicht Aron ihr Lebensretter, sie hätte ihn schon längst „hinausgeekelt". Dem Gendarm mit dem silbernen Portepée war bei den musikalischen Abenden der „Judenjunge" immer schon im Wege. Frau Rosin fühlte sich verpflichtet, energisch einzugreifen und Marianne gegen Aron zu beeinflussen. Der empfand deutlich diese Stimmung und wollte sich ihr nicht weiter aussetzen. Wohltuend würde wohl eine längere räumliche Trennung sein. Er war jetzt neunzehn Jahre alt, ein kräftiger, gesunder Jüngling, und würde im nächsten Jahre bestimmt zum Militär genommen werden. So meldete er sich jetzt schon freiwillig zur Kavallerie — Infanterist wollte er nicht werden — und wurde für ein Dragoner-Regiment in Ostpreußen angesetzt. Aron war ein tüchtiger Reiter, Schwimmer und Turner. Die Jungen auf dem Lande lernen diese Künste spielend. Wenn sie noch kaum laufen können, sitzen sie schon auf dem Pferde. Aron war wohl der beste Reiter in der Schwadron. Dumm war er auch nicht, man brauchte sich nur bei seinem Lehrer in Grünkirch, beim Pfarrer und dem Glasermeister zu erkundigen. Aber sein Schwadronchef hielt seine Fähigkeiten doch nicht für ausreichend genug, um ihm rechtzeitig, wie den christlichen Kameraden, die Gefreitenknöpfe zu verleihen. Aron ertrug diese ungerechte Zurücksetzung still. Er hatte draußen in der Welt schon mehrfach die Erfahrung gemacht, daß der Jude, auch der beste und tüchtigste, nur als ein Bürger zweiter Klasse angesehen wird. Er rechnete nicht auf Ehre und Anerkennung seitens seiner christlichen Mitbürger. Er wollte leben und streben nach den Worten, die ihm der Rabbiner am Tage nach seiner Barmizwah ans Herz gelegt hatte: „Erfülle stets mit Liebe und Treue deine staatsbürgerlichen Pflichten, aber gedenke stets der Religion deiner Väter!"

Marianne und Aron standen in lebhaftem Briefwechsel. Zuweilen dauerte es länger wie gewöhnlich, ehe sie antwortete, dann erschienen ihm auch ihre Briefe kühler, aber vielleicht schien es ihm auch nur so.

Aron lernte draußen in der Welt viel, sehr viel. Er sah und hörte vieles, wovon die Bauern im Dorfe keine Ahnung hatten. In ihm erwachte ein höheres Streben, er wollte nicht Glaser bleiben. In Ostpreußen hatte er weite Ackerflächen blühenden Leins gesehen, das fiel ihm auf. Diese großen, großen Felder! Im Heimatdörfchen bauten die Bauern auch Lein an. O ja! aber jeder nur ein kleines Beet. Aus den geernteten Fasern spannen die Frauen und Mädchen an den langen Winterabenden mit Spindel und Rocken die Flachsfäden für ihr weißes Linnen. Da war es, wo sie auch mal kichern und klatschen konnten. Und wenn im Sommer auf den Wiesen im Sonnenlicht die Leinwand bleichte, dann leuchteten die Augen der Bäuerinnen, und sie träumten davon, daß sie die Kostbarkeiten wohlgeglättet in den mit zarten Blumengewinden ach! so rührend kunstlos bemalten Truhen sorgsam bergen würden, bis für die sittsame Tochter der liebende Bräutigam erschiene.

In Ostpreußen wurde der Lein zu anderen Zwecken gesät. Der geerntete Leinsamen kam in die Ölmühlen, da wurde aus ihm das gelbe duftende Leinöl gewonnen. Solches Leinöl brauchte man auch zur Herstellung von Arons Glaserkitt. Aron war von Natur ein kluger, intelligenter Junge, das hatte man schon, als er noch im Dorfe war, gemerkt. Aber das Leben draußen in der großen Welt, und die Bücher und Zeitungen, die er hier las, machten ihn noch klüger und weitschauender. Im Manöver wurde er in einer kleinen Land-Ölmühle einquartiert. Es war eine primitive Maschinerie, die durch ein an einen Göpel gespanntes, ständig im Kreise trabendes Pferdchen in Bewegung gesetzt wurde. Durch einfache Keilpressen, wie sie schon in frühesten Zeiten die Chinesen verwendeten, wurde das Öl hier aus dem erwärmten Samen gedrückt. Aron staunte über dieses Wunder der Technik. So etwas war ihm ganz neu. Das Erschaute und Erdachte verdichtete sich zu einem Plan, den wollte er, wenn er auf Urlaub ins Dorf kam, mit Johann Sebastian Reichel, der ja immer schon kleine Maschinen gebaut hatte, besprechen, und nach seiner Entlassung vom Militär ausführen. Die Bauern müßten mehr Lein anbauen als bisher. In der Heimat sollte durch Aron eine Ölindustrie erblühen.

Aron war auf Urlaub gekommen. Wie freute sich die alte Gabriel mit dem Sohn! Sie sah den schmucken Dragoner zwar nicht, aber sie hörte seinen Säbel rasseln und die Sporen klirren. Aron ging durch die Dorfstraße. Die Kinder gafften, die Erwachsenen staunten. Ein Dragoner! als ob der König selbst durch das Dorf schritte.

Aron machte einen Besuch bei Rosins, hier erzählte er von seinen großen industriellen Plänen. Marianne strahlte, Frau Rosin stutzte: „Er sieht in der schmucken Uniform gar nicht wie ein Jude aus, aber leider ist er doch einer. Er gehört nicht zu uns."

Aron fühlte diese Stimmung; sinnend ging er.

„Was hast du gegen Aron Gabriel?" fragte Marianne die Mutter. „Er ist doch der beste von allen Menschen, die ich kenne. Er ist tapfer und mutig, er hat mir das Leben gerettet. Er ist brav und fleißig und so klug und edel. Mutter, ich liebe ihn."

„Er ist ein Jude."

„Ich finde an ihm keinen Unterschied gegen den Vater. Er ist ein Mensch wie er."

„Marianne, du besitzest keine Lebenserfahrung. Wir müssen unsere persönlichen Wünsche und Gefühle unterdrücken. Durch eine Verbindung mit Aron Gabriel würden wir alle unglücklich werden, wir würden uns hier unmöglich machen. Der Vater würde seine gesellschaftliche Stellung, vielleicht gar sein Amt verlieren. Auf sein Quartett müßte er verzichten, der Gendarm würde sicherlich nicht mehr mit ihm musizieren. Auch du würdest dich in Kämpfe begeben, die du heute noch nicht ahnen kannst."

Die Mutter hatte recht: Marianne besaß keine Lebenserfahrung. Sie besaß noch die Kindesseele, wie sie der Schöpfer erschaffen und gebildet und jedem Menschen einhaucht, die reine Seele. Sie mußte erst vergiftet werden, und die Mutter träufelte ihr dieses Gift ein.

Marianne kämpfte.

Aron ahnte diese Stürme. Er bat Marianne um ein abendliches Zusammentreffen im Walde, wie einst an der ihnen heiligen Stelle.

Am nächsten Abend trafen sie sich. Diesmal war Marianne pünktlich. Sie wanderten wie früher zwischen den Bäumen, über die Hügel, durch den kühlen Grund. Aber sie pflückten keine Waldbeeren und keine Blumen. Sie sprachen, aber sie träumten nicht. Marianne sagte: „Aron, du weißt nicht, wie groß die Vorurteile in unsern Kreisen gegen euch sind. Sie sind unüberbrückbar, würdest du Christ werden?"

Aron erwiderte: „Geliebte, das kann ich nicht, das ist mir bei meinen religiösen Anschauungen unmöglich. Ich würde ein Heuchler und Lügner werden, und ich kann nicht heucheln und lügen."

„Du liebst mich nicht," weinte Marianne.

„Hat Abraham seinen Sohn Isaak nicht geliebt? und doch wollte er ihn Gott opfern. Meine Marianne, ich liebe dich wie nichts in der Welt, aber Gott opfere ich mein Liebstes."

Sie gingen schweigend an den Fluß, lösten die Gondeln. Marianne saß gebrochen im Boot und ließ es von der Strömung heimwärts treiben. Aron fuhr mit kraftlosen Ruderschlägen langsam nach der entgegengesetzten Richtung. Heute sangen sie nicht das Abendlied. Ihre Stimmen waren im Dunkel der Wasserbahn versunken, es war eine traurige Stille. Auch die Abendglocken von der Kirche ertönten zum ersten Male nicht. Der Küster hatte, man weiß nicht, warum, es unterlassen, sie heute zu läuten.

Sternennacht. — —

Der Pfarrer stieg die Anhöhe am Walde hinan, wo er so gerne einsam weilte. Er sann über den heutigen Abschiedsbesuch Arons nach, dessen Urlaub abgelaufen war, und über das bedrückte Gemüt, in das er einen erschütternden Einblick genommen hatte. Wie verstand er den Kummervollen! Auch sein Herz hatte sich ja einmal in unerreichbare Höhen verirrt. Er sprach, als ob er predigte: „Wie Arons Mutter körperlich, so sind wir geistig blind. Wir tasten uns durch das Leben wie Blinde. Von sehender Erkenntnis, und reiner Wahrheit sind wir noch weit, weit entfernt. —"

Und des Pfarrers Gedanken erhoben sich über die Sterne hinaus zur Ewigkeit.

Der Grabstein

Novellette

Allen erschien er so, als ob er niemals jung gewesen wäre, der alte Baruch Pasternack. Es gibt solche alten Männer und Frauen, bei denen man sich nicht vorstellen kann, daß sie einmal frisch und blühend durchs Leben gingen. Wie? der weißhaarige, gebückte, zitternde Greis dort mit den triefenden Augen und dem spitzen, hervortretenden Kinn, dem langen zerzausten Bart, sollte einmal ein strahlender, flotter Jüngling gewesen sein? Unmöglich, sich das vorzustellen! Alle sagten, Baruch hat wohl immer so ausgesehen, der war wohl nie jung.

Er schien anders zu sein als alle anderen Menschen in der Stadt. Die meisten hatten ihn noch nie gesehen, und kaum einer hatte ihn sprechen hören. Er pflog mit niemandem eine Unterhaltung, und so erfuhr man auch nicht, was früher mit ihm vorgegangen war, als er noch im Dorfe wohnte.

Daß Baruch eine schwere Zunge hatte, kam nicht in Frage. Sein Nachbar im Tempel hörte, wie er seine Gebete deutlich murmelte. Und das „Schma Jisroel“[21] sprach er sogar immer ganz laut. Er hatte nur den einen Tempelnachbar, auf der andern Seite seines Platzes war eine Säule. In diesem Eckchen in der allerletzten Reihe hatte Baruch

[21] Höre, Israel! Nach V. B. Mose 6, 4/9

seinen Platz. Dort saß er immer in seinen „Tallis“[22] gehüllt. Nicht nur an den hohen Feiertagen, wo die Synagoge bis zum letzten Platz gefüllt war, auch am Schabbes vor Rosch chaudesch[23], an dem der Vorbeter den neuen Monat verkündete und nur die Hälfte der Plätze von Andächtigen besetzt war. Sogar auch an den gewöhnlichen Sabbaten, wo der Tempel fast leer war, und an den Wochentagen, Sommer und Winter, alle Tage war Baruch frühmorgens zu „Schacharith“[24] und abends im Gotteshause.

Er hatte nicht weit zu gehen. Seine Wohnung war ganz in der Nähe, nur wenige Schritte von der Synagoge entfernt, in einem der niedrigen Häuschen am „Beth hammidrasch“[25], deren Fenster so winzig klein und fast in gleicher Höhe mit der Straße waren. Das war der einzige Weg, den Baruch regelmäßig ging, in den Straßen außerhalb des Judenviertels sah man ihn nie.

Noch nie hatte man den Alten lachen hören, nicht einmal lächeln sehen, aber auch nicht weinen. Hatte er auch in seiner Jugend nie gelacht, nie wenigstens gelächelt, nie geweint, nie geliebt?

In sein Haus kam selten jemand. Einmal humpelte ein altes Mütterchen, auf einen Stock gestützt, heran. Die Frau ging ganz gebückt mit krummem Rücken, und ihr Gesicht

---

[22] Gebetmantel mit Schaufäden nach IV. B. Mose 15, 38

[23] Neumond

[24] Morgenandacht

[25] Lehrhaus zum Talmud-Studium

schaute nicht nach vorwärts, sondern tief nach unten, als ob sie einen Gegenstand auf der Straße suche. Sie kam aus dem Dorfe, tastete sich durch die Hauptstraße über den Marktplatz, bog in die Gasse, die zur Synagoge führte, ein und ging in Pasternacks Häuschen.

Bei ihm in dem ärmlichen Stübchen sagte sie: „Baruch", und er sagte: „Lea". Und er lächelte ein wenig freudig, als er die Jugendgeliebte nach so langen, langen Jahren wiedersah. Dann weinten beide.

Ach, warum hatte Lea ihn früher zurückgewiesen! Er war doch ein braver Junge gewesen. Doch er war ihr nicht „gebildet" genug, sie wollte höher hinaus.

Als Lea fortging, geleitete der alte Baruch sie noch einige Schritte, dann begab er sich in den Tempel, denn die Zeit zur Abendandacht war gekommen. Diesen einen Weg ging er nun schon viele Jahre und ging ihn auch an den nächsten Tagen und in den nächsten Wochen, Monaten und Jahren. Endlich ging er doch einmal einen anderen Weg, über den Markt durch die Hauptstraße. Er bog in die schmale Klostergasse ein, wo der Synagogenvorsteher sein Amtszimmer hatte, trat an den Würdigen heran und sprach (Baruch konnte hier ganz gut und laut sprechen): „Herr Vorsteher," sagte er, „ich komme mit einer Bitte. Ich möchte mir eine Grabstätte kaufen, ein schönes, ruhiges Plätzchen, wo ein Baum in der Nähe ist, auf dem die Vögel Gott Loblieder singen. Ich möchte liegen, wo ein Baum blüht und ein Vogel singt. Und eine

‚Mezeiwe'[26] möchte ich mir jetzt schon setzen lassen. Es soll nicht viel auf ihr stehen, nur mein Name und der meiner seligen Eltern. Ich will alles fertig machen, bis auf den Todestag, den, so möchte ich bitten, soll der geehrte Vorstand, wenn die Zeit gekommen sein wird, dann noch einmeißeln lassen. Das Geld für den Platz und den Stein habe ich mitgebracht, soviel habe ich gesammelt." Und der Alte holte einen Beutel mit lauter harten silbernen Talern hervor und übergab ihn dem Vorsteher mit den Worten: „Zu einem Eisengitter reicht es nicht, aber für den Platz und auch zu einem Stein, wenn er auch nicht aus Marmor ist, wird es wohl genug sein."

„Baruch! Ihr sollt den schönsten Grabstein aus Marmor und mit Goldbuchstaben bekommen," sagte der Vorsteher ergriffen. Und der christliche Schlossermeister Rudolf Heller, der zufällig dieser Szene beiwohnte, fügte gerührt hinzu: „Und ich spende ein kunstvolles Eisengitter, das ich mit eigener Hand in meiner Werkstatt schmieden und selbst aufstellen werde." — — —

Nun saß Baruch nicht mehr immerzu in seinem einsamen Stübchen. Jeden Tag außer Sonnabends machte er seinen Spaziergang nach dem Friedhofe „zu seiner Villa", wie er sagte. Mit freudigem Stolze blickte er auf den Platz mit dem kostbaren Grabstein und dem kunstvollen Eisengitter, wo er einstmals ewig ruhen würde.

[26] Grabstein

Da war es, wo man ihn lächeln, selig lächeln sehen konnte. — —

Er pilgerte noch viele Jahre hinaus, es schien, als ob er immer jünger würde. Jetzt konnte man sich vorstellen, daß Baruch auch einmal jung gewesen war. Man konnte sich sogar ein schönes Bild von ihm aus früherer Zeit machen. — —

Aber einmal kam der Alte frühmorgens nicht in den Tempel, und an diesem Tage ging er auch nicht auf den Friedhof, er war gestorben. Man trug ihn hinaus in sein Heiligtum, und aus dem Dorfe kam Lea und weinte an seinem Sarge. — —

Im Dorfe konnte man lange Zeit einmal im Jahre in einem Stäbchen ein kleines, flackerndes Öllämpchen brennen sehen. Einmal im Jahre, immer am Tage von Baruchs Jahrzeit. Es brannte von einem Abend zum anderen, bis es knisternd verlöschte. Einmal brannte das Lämpchen aber nicht, Lea war dem Jugendfreunde in die Ewigkeit nachgefolgt. — —

Baruch Pasternacks Grab auf dem kleinen Friedhof in Polen liegt jetzt ungeschmückt da. Wer sollte dort auch eine Blume niederlegen? niemand denkt mehr an den Alten. Der Grabstein aber, den er sich selbst gesetzt, dieses rührende Denkmal an einen Einsamen, steht noch heute unversehrt, und auf dem Baum in der Nähe des Grabes singen die kleinen Vögel Gott Loblieder.

So sind alle letzten Wünsche von Baruch ganz in Erfüllung gegangen.

Der Katzenkäufer

Humoreske

„Ein böser Weg, den wir heute fahren, Gerson, die Pferde kommen kaum mehr fort."

„Wo böser Weg ist, ist Risches[27]," sagte Gerson, „du wirst sehen, Moritz, im nächsten Dorf wohnen nur ‚Reschoim'[28]. Wir werden nichts zu essen bekommen."

„Wir hätten uns doch mehr Wegzehrung mitnehmen sollen."

„Konnte man wissen, daß wir durch eine so miese Medine[29] kommen würden? Ausgerechnet mußten wir hierherum fahren."

„Hierherum! und wenn wir daherum oder dortherum gefahren wären, was für ein Unterschied! Ich seh' schon, de ganze Medine hier gefallt mer nicht."

„De ganze Medine gefallt der nicht! Wenn du Rothschilds Geld hättest, brauchte se der nicht zu gefallen, und du könntest zu Hause bei deiner Leie sitzen."

„Bei Leien! ich könnt' woanders auch sitzen. Kunststück! wenn ich Rothschilds Geld hätte!"

„Red' nicht immerzu von Geld."

„Red' ich von Geld? du hast angefangen von Geld!"

---

[27] Boshaftigkeit

[28] böse Menschen

[29] schlimme Gegend

„Nu hör' schon auf mit dem Gezanke, die Pferde werden scheu werden!"

Moritz blieb nun still, ganz still, aber Gerson nörgelte weiter: „Nu hör' schon endlich auf, Moritz." Moritz blieb still, er knallte nur einige Male mit der Peitsche.

„Hör' schon mit dem Geknalle auf! dein Knallen ist auch reden."

Moritz knallte nicht mehr. Er war der weniger Aufgeregte und Friedfertigere.

So fuhren sie nun eine Zeitlang, ohne zu sprechen, mit ihrem kleinen Planwagen auf dem schlammigen, vom Regen aufgeweichten Landwege weiter. Die Räder sanken oft beinahe bis an die Achsen ein.

Es war keine schöne Landschaft, durch die sie fuhren, eine weite, weite Ebene, ohne daß das Auge einen Berg, einen Fluß, einen Wald erblicken und sich sonst an einer Naturschönheit erfreuen konnte. Abgemähte Felder, über deren Stoppeln der rauhe Ostwind fegte, dazu ein düsteres, trauriges, nebliges Wetter. Aber selbst wenn die Sonne schiene, wenn ein Bächlein murmelnd vorübergeplätschert wäre und es geheimnisvoll in den Blättern des Waldes gerauscht hätte, Gerson und Moritz würden alles wohl nicht sonderlich beachtet haben, sie waren jetzt zu sehr in Gedanken versunken. Sie rechneten sich ihre Gewinne aus, die sie zu erzielen hofften, wenn sie die Waren, die sie in ihrem Wägelchen verstaut hatten, alle dort, wo sie hinfuhren, schnell absetzen würden. Als sie aber genug gerechnet hatten, sagte Gerson: „Ich habe wirklich Hunger," und Moritz stimmte ihm zu, allerdings mit einer Frage: „Meinst du, ich nicht?" Und dann bemerkte er: „Ich sehe kein Dorf, kein Haus." Und Gerson tobte vorwurfsvoll, indem er die Schultern hochzog und den Kopf schüttelte: „Ausgerechnet mußten wir hierherum fahren, es gibt gar keinen anderen Weg!"

Die schwachen, mageren Pferdchen konnten nicht weiter, sie blieben stehen, um sich einige Minuten zu verschnaufen. —

Als Gerson und Moritz Kinder waren, fuhren sie oft mit dem Vater durch die Dörfer, dann lagen sie beglückt in einer Ecke hinten in dem Planwagen. Wenn dann der Regen auf das Wagendach niederklatschte, o wie schön und mollig lag es sich da in dem trockenen Wagenwinkel, und sie träumten — träumten. Wenn sie erst groß sein würden, dann würden sie in ihrem eigenen Wagen selbst durch die Dörfer kutschieren. Oh, würde das schön sein! Aber die Träume der Jugend versinken meist im Meere der Alltäglichkeit, und die Wirklichkeit wird oft rauh und düster, so ging es auch Gerson und Moritz. Jetzt fuhren sie in ihrem eigenen Wagen, aber sie hatten draußen in den Dörfern ein schweres Gewerbe.

„Wenn wir nicht bald zu Menschen kommen, verhungere ich, Moritz."

Der Weg machte eine Krümmung, da schien es ihnen, als ob in der Ferne Rauch aufstiege. Schritt für Schritt ging es langsam vorwärts. Ja wirklich! da wohnten Menschen. Drei oder vier strohbedeckte Lehmhütten standen beieinander.

„Menschen," rief Moritz erleichtert aus. „Wo Menschen sind, ist Aussicht auf Rachmones[30]."

„Wo böser Weg ist, ist Risches," klagte Gerson, „du wirst sehen, wir kriegen nichts." —

Der Wagen hielt. Die ersten drei Häuschen waren menschenleer, nur im vierten wirtschaftete eine mürrische Frau herum. Außer der auf der Dorfstraße sich tummelnden Kinderschar sah man sonst nur einige Hühner, eine Katze, und hörte das Grunzen von Schweinen und das „Muh-muh" einer Kuh, sonst sah und hörte man nichts. Die Frau war sehr unfreundlich. Auf alle an sie gerichteten Fragen antwortete sie mit einem barschen „Nein".

„Liebe Frau," bat Moritz, „lassen Sie uns ein paar Eier ab, für jeden drei Stück."

„Nein," schrie sie, „wo soll ich sechs Eier hernehmen?"

„Nun, wenn es nicht sechs sind, vier."

„Nein, ich habe auch nicht vier."

„Nun denn, für jeden wenigstens eins."

„Ich habe kein einziges Ei."

„Schade! dann bitten wir, liebe Frau, um etwas Brot und Butter."

---

[30] Mitleid

„Nein, ich habe keine Butter."

„Nun, dann etwas trockenes Brot."

„Laßt mich in Ruh, ihr Juden, ich habe kein Brot."

Gerson hatte mit seinem Ausspruch schon recht: „Wo böser Weg ist, ist Risches."

Moritz warf nun hin, aber so laut, daß es die vor der Tür lauschenden Kinder hören konnten: „Nun, dann bleibt uns nichts anderes übrig, als den Spannagel aus unserm Wägelchen zu verspeisen. Wir tun es zwar nicht gern, denn das Zubereiten des Spannagels macht ziemlich viel Mühe, aber wir dürfen sie heute nicht scheuen, wir haben zu großen Hunger."

„Den Spannagel wollen die Juden kochen und essen?" tuschelten sich die Kinder zu. „Ei der Tausend, das gibt einen Spaß!"

„Ich gehe nicht früher fort, als bis der Spannagel gar ist," sagte der eine. Ein anderer fügte hinzu: „Und wenn es Nacht werden sollte."

Gerson und Moritz machten sich nun umständlich an der Wagendeichsel zu schaffen und fragten nach einigen für die Kinder bangen und erwartungsvollen Minuten: „Vielleicht habt ihr einen Hammer? Dann bekommen wir den Spannagel leichter und schneller heraus."

Es dauerte nicht lange, da brachte einer der Knaben einen Hammer angeschleppt. — Der ganz mit Wagenschmiere und Straßenschmutz besudelte Eisennagel wurde mit einigen Schlägen gelöst. Er sah nicht gerade appetitanregend aus. Moritz sagte: „Vielleicht habt ihr eine Schüssel und etwas Wasser, damit wir den Spannagel sauber abwaschen können." Flugs waren zwei Knaben fort und brachten das Gewünschte. Nun ging es ans Säubern, Abkratzen und Spülen. Immer schöner sah der Nagel aus, jetzt war er schon fast ganz blank. Die Spannung der Kinder wuchs.

„Wir brauchen etwas Holz zum Feuermachen und eine Bratpfanne," murmelte Gerson, immer noch mit dem Spannagel im abspülenden Wasser hantierend. Kaum ausgesprochen, war beides zur Stelle. Die Augen der Kinder leuchteten erwartungsvoll.

„Nun brauchen wir etwas Salz." Schon war es da.

„Wenn wir auch einige Eier, etwas Butter, Mehl und Milch dazu hätten, würde es zur Verbesserung des Geschmacks dem Spannagel nicht nachteilig sein." Die Kinder stoben auseinander: der brachte Butter und Milch, der Mehl, und von Eiern kam wohl fast eine ganze Mandel zusammen. „Oi, wie wird der Spannagel schmecken!" rieb sich Gerson die Hände, und die Kinder wagten kaum zu atmen.

Wo die nur die Eier und das andere Gute herhatten! Nach den Aussprüchen der Frau schien ja das Örtchen von allen Lebensmitteln entblößt zu sein.

Gerson und Moritz wälzten den Nagel, der nun ganz sauber geworden war, und seine Unappetitlichkeit verloren hatte, in der sich lösenden Butter und der Mischung von Mehl, Milch und eingeschlagenen Eiern hin und her, und ehe man sich's versah, war der herrlichste Eierkuchen geraten. — Mit der Gewandtheit eines Taschenspielers wurde der Spannagel zum Verschwinden gebracht. „Nun seht zu, Kinder, jetzt werden wir den Spannagel verspeisen." Mit aufgesperrten Mäulchen und staunenden, leuchtenden Blicken schauten sie sprachlos zu, wie die Juden wirklich den Inhalt der Bratpfanne verzehrten. Kein Zweifel, der Spannagel war aufgegessen. Es müssen Zauberer sein! — Gerson und Moritz zwinkerten sich befriedigt und gesättigt vielsagend zu.

„Aber nun wollen wir uns an dieser Reschante[31] rächen," sagte Gerson, indem er zu der Frau ging, die immer noch in ihrem Häuschen mürrisch herumwirtschaftete. Auf die auf der Ofenbank sich streckende Katze weisend, fragte Gerson mit erheuchelter Harmlosigkeit: „Sagen Sie, liebe Frau, was ist das da für ein merkwürdiger Vogel?"

„Ein Vogel? bist du verrückt? das ist eine Katze und kein Vogel."

„Eine Katze? was ist denn das, eine Katze? Ich habe noch nie solch ein Tier gesehen."

„Hahaha, dummer Jude," lachte sie.

„Liebe Frau," sagte Gerson, indem er sich scheinbar ängstlich und vorsichtig der Ofenbank näherte, „wozu dient ein solch merkwürdiger Vogel, kann er singen?"

---

[31] boshaftes Weib

„Ich sagte doch schon, es ist kein Vogel, sondern eine Katze, und sie fängt Mäuse."

„Wieviel kostet solch ein Vogel? kann man solche Vögel hier kaufen?"

„Nun, für eine Mark würde ich Euch die Katze ablassen."

„Hören Sie, liebe Frau, ich zahle zwei Mark pro Stück, wenn ich zehn solcher Vögel, die Sie Katzen nennen, erhalten könnte, der Betrag dafür ist mir nicht zuviel. Hier haben Sie zwei Mark als Anzahlung, besorgen Sie noch neun Stück dazu. Wenn wir in einigen Wochen auf der Rückreise wieder hier vorbeikommen, nehmen wir die zehn Tierchen mit, und Sie haben Ihre zwanzig Mark."

„Zwanzig Mark!" staunte die Bäuerin. Die Anzahlung hatte sie ja in der Hand. Der Jude hatte gezahlt, ohne etwas dafür zu erhalten, der meinte es ehrlich, kein Zweifel! Sie schmunzelte. Nun würde sie sich auch endlich den erträumten Goldzahn einsetzen lassen können, auf den sie schon lange gespart hatte. Oh, wie würde die Nachbarin neidisch sein, wenn er aus ihrem Munde herausblitzte! „Ein Goldzahn! Weiter fehlt der nichts zu ihrer Schönheit und Anmut," hatte der Kuhhirt mißbilligend ironisch ausgerufen, als er einmal von dem eiteln Wunsch erfuhr.

Die Frau ging in die Nachbarschaft, erkundigte sich und suchte. „Habt ihr eine Katze?" fragte sie, „wollt ihr sie mir ablassen?" — Wo sie konnte, kaufte sie Katzen, zuweilen bekam sie eine geschenkt. Schon hatte sie deren drei, dann waren es vier. Die Leute fragten: „Was will die Frau mit den Katzen?" Man hielt sie für übergeschnappt. Sieben Stück miauten jetzt schon in dem Häuschen, dann waren es acht, nur noch zwei fehlten ihr. Nach den zwei letzten mußte sie doch ziemlich weit wandern; hier in der Nähe hatte „die Verrückte" schon alles aufgetrieben, was aufzutreiben war. Endlich hatte sie die zehn Katzen zusammen. Sie machten mit ihrem Miauen einen Höllenlärm und störten ihren Schlaf. Aber für den ihr winkenden Verdienst lohnte schon diese vorübergehende Plage.

Doch wo blieben die Juden? Täglich lugte sie aus, nichts zu sehen! Sie kamen und kamen nicht. Was sollte sie mit den Katzen anfangen?

Der Katzenkäufer aber ließ sich nicht wieder blicken. Gerson hatte erklärt: „Durch diese Medine fahren wir nicht zurück. Wir suchen uns eine gepflasterte Straße, die durch gesittete Dörfer mit Gasthäusern und Kramläden führt, und wenn wir einen noch so großen Umweg machen sollten. Diesen bösen Weg benutze ich nicht noch einmal, denn wo böser Weg ist, ist Risches."

„Und die Anzahlung?" warf Moritz besorgt ein.

„Die lasse ich verfallen," bemerkte Gerson stolz, „jede Backpfeife, die ich einem Rosche[32] verabfolge, ist mir zwei Mark wert, meinetwegen sogar zwei Mark fünfzig." —

---

[32] boshafter Mensch

Reb Nechemje, der Geschichtenerzähler

Jüdische Anekdoten und Skizzen

Reb Nechemje[33] reiste viel umher, nicht in Italien, nicht am Rhein, nicht an der Nordsee oder in den bayerischen Bergen. Nein! er bereiste die Dörfer und kleinen Städte der Provinz. Da kann man auch manches Interessante hören und erleben, und Reb Nechemje erzählte es dann an den Freitagabenden bei Krillerbsen und Braunbier schmunzelnd seinen andächtig lauschenden Zuhörern. Es waren nicht welterschütternde Begebenheiten, aber doch merkwürdige, heitere Geschichtchen, die ich da als Junge von dem Alten gehört habe.

Was mir von ihnen in Erinnerung geblieben ist, will ich, so gut es geht, nacherzählen. Aber den Eindruck, den Reb Nechemjes Erzählertalent, sein Mienenspiel, eine Bewegung der Hand, die Tonfärbung eines Wortes auf seine Zuhörer ausübte, werde ich mit meiner schriftlichen Wiedergabe nun und nimmermehr erreichen können. Doch ich will es versuchen.

Lokschen[34]

Es war der „kurze Freitag", der letzte Freitag vor dem 21. Dezember, dem kürzesten Tage im Jahre, denn vom

---

[33] Meister Nehemia

[34] Nudeln in Fleischbrühe

22. Dezember an nehmen die Tage ja schon wieder zu, und wenn es am Anfang auch nur Sekunden sind.

An einem kurzen Freitag also war es, wo Frau Hanna mit ihren Sabbatvorbereitungen nicht fertigzuwerden fürchtete. Sie hatte keine Hilfe; alles mußte sie allein ausführen. Nun wollte sie auch noch Lokschen zubereiten. O Gott! wie sollte das nur werden!

„Bocher[35]," sagte sie zu dem Talmudjünger, der als Pensionär bei ihr wohnte. „Lieber Bocher, tut mir den Gefallen und helft mir ein bißchen bei den Lokschen, seid so gut, lieber Bocher, und knetet mir den Teig!"

Der gefällige Jüngling wusch sich die Hände, krempelte die Ärmel auf und stellte sich an den Knettrog. — Er machte seine Sache sehr gut, wie eine perfekte Köchin. Dank seiner Hilfe war Frau Hannas Sabbattisch, trotz des kurzen Tages, rechtzeitig gerüstet.

Das gefiel Hanna gar wohl. Am nächsten Freitag sagte sie: „Lieber Bocher, möchtet Ihr mir auch heute helfen?" Der Jüngling sträubte sich nicht. —

Wieder verging eine Woche. „Bocher, wie ist es mit den Lokschen?" Gerne half er.

So hatte er es schon dreimal getan, nun kam die vierte Woche. „Bocher, macht Lokschen!" sagte Hanna. Wie? war das eine Bitte oder ein Befehl? Hanna schien sich an seine Hilfe schon gewöhnt zu haben.

---

[35] Talmudjünger

Am nächsten Freitag kam der Bocher etwas später als gewöhnlich heim. „Nu Bocher, wo bleibt Ihr?“ rief Hanna vorwurfsvoll aus, „es ist höchste Zeit zu den Lokschen.“

Das folgende Mal kam der Bocher erst sehr spät nach Hause. „Heißt eine Chuzpe[36]!“ schrie Hanna, „Läßt er mich doch im Stich, und ich muß die Lokschen allein machen, eine wirkliche Chuzpe!“

Reb Nechemje fügte hinzu: „Wenn jemand von mir eine Gefälligkeit, die ich ihm einmal erwiesen, ein andermal als selbstverständlich verlangt, sage ich immer nur: „Ach so! Bocher, macht Lokschen!“

„Eingemachte Füß’“

In Wind und Wetter, in Sturm und Regen, ging Feika über Land, um in den Dörfern durch Handel mit seinen Waren etwas zu verdienen. Er war bei den Bauern und auch bei vielen Gutsbesitzern sehr beliebt und geachtet.

Als er einmal an einem Herrenhause die Klingel zog, öffnete ihm die Gutsherrin und forderte den Müden auf, näherzutreten. — Nun war es aber ein sehr regnerischer Tag und der lehmige Landstraßenschmutz klebte zentimeterhoch auf Feikas Stiefeln. Verlegen und bescheiden stotterte er: „Verzeihen, gnädige Frau, ich kann nicht ins Zimmer kommen, ich hab’ — eingemachte Füß’.“

---

[36] Unverschämtheit

Das Zeugnis

So bescheiden wie Feika waren nicht alle Leute im Lande. Einige waren sogar sehr eingebildet, da war einer, der sagte von sich: „Ich bin ein so feiner Mensch, Sie wissen gar nicht, wie fein ich bin. Der alte M. in Strelno sagte immer zu mir: ‚Seide ist Sackleinwand gegen Ihnen.' Sehen Sie, so fein bin ich, Reb Nechemje." — Dieser alte M. war übrigens ein Diplomat, das zeigte sich bei folgender Gelegenheit.

Ein Großkaufmann in Inowrazlaw suchte einen tüchtigen Buchhalter. Unter den zahlreichen Bewerbungen fiel ihm eine mit einem besonders guten Zeugnis vom alten M. auf. In diesem war ausdrücklich hervorgehoben: „Seine Buchführung ist beachtenswert!" Daraufhin wurde der Buchhalter angestellt. — Bald zeigte es sich aber, daß er ganz untüchtig war. Der Inowrazlawer machte dem Strelnoer darob große Vorwürfe. „Wieso?" sagte M. ganz entrüstet, „ich habe doch wahrheitsgemäß geschrieben: ‚Seine Buchführung ist beachtenswert.' Man muß die Buchführung des jungen Mannes eben sehr b e a c h t e n, denn er arbeitet nur mit lauter Fehlern."

Die Priester

Während der hohen Feiertage reichten die Plätze in dem kleinen Tempel des Städtchens für die große Anzahl der Andächtigen nicht aus. Es wurde eine sogenannte „Nebenschul" eingerichtet, in der die Andacht nach altem Ritus abgehalten wurde.

„In dieser Nebenschul war ich ‚Gabbe'[37]," sagte Reb Nechemje stolz, indem er sein blumengesticktes Sammetkäppchen zurechtrückte. „An einem Roschhaschanah[38] gegen Ende von ‚Mussaph'[39] winke ich den Schammes[40] zu mir heran und frage ihn, ob zum ‚duchnen'[41] ein ‚Kauhen'[42] anwesend sei. Der Schammes erwiderte: ‚Es sind zwei polnische Schnorrer[43] mit Namen Cohn da.' Nun gut! ich bin se ‚mechabbed'[44] mit dem duchnen," — sagte ich.

„Für die ‚Amerazzim'[45] unter euch" — Reb Nechemje sagte es mit besonderer Betonung — „will ich bemerken, daß die zu dem Priestersegen Berechtigten — die Kohanim[42] — bei der heiligen Handlung unbeschuht, nur in Strümpfen vor dem Altar erscheinen dürfen. Das ist eine strenge religiöse Vorschrift, versteht ihr? nur in Strümpfen. —

Also hört weiter! Mein Schammes begibt sich zu den beiden ‚Priestern' und sagt feierlich: ‚Der Herr „Vursteher" ist euch mechabbed mit dem duchnen.' Sonderbar! die beiden lehnen mit einigen erklärenden Worten ab. —

---

[37] Synagogenvorsteher

[38] Neujahrsfest

[39] Hauptgebet an Festtagen

[40] Synagogendiener

[41] den Priestersegen, IV. B. Mose, 6, 24/26, sprechen

[42] Priester

[43] Schnurrenerzähler, Bettler

[44] die Ehre übertragen

[45] Unwissende

Der Schammes wankt zu mir zurück und flüstert mir enttäuscht zu: ‚Die Kauhanim lassen sagen, se können nebbich[46] nich duchnen, se haben kei Strümp an.“ — — —

In Erinnerung an diese Szene mußte Reb Nechemje auflachen. „Haben se schon den Kowed[47] zu duchnen, hatten se ausgerechnet kei Strümp an. Kei Hemd — Nebensache, aber — kei Strümp!! — 'e Katastrophe.“

Der Buchbinder

In dem Posenschen Städtchen Rackwitz wohnte ein Buchbinder, ein trefflicher Mann, nur schade, daß er ausschließlich Hebräisch und nicht auch Deutsch zu lesen verstand. Diese Unkenntnis spielte ihm einmal einen bösen Streich, denn er hatte einige Blätter aus Boccaccios Dekameron, und zwar einige besonders pikante, mit den Blättern einer Bibelübersetzung zusammengebunden. Man stelle sich das Entsetzen des frommen Lesers oder der keuschen Leserin vor, als aus dem Schlusse einer Seite mit dem Anfang der nächsten folgendes Histörchen entstanden war:

> „Und Josua sprach zum Volk: Heiliget euch! denn morgen wird der Herr ein Wunder unter euch tun. Weiter brauchte es kein Wort. Die Dame, die am ganzen Leihe vor Liebesverlangen glühte, warf sich ihm augenblicklich in die Arme, und nachdem sie

---

[46] leider

[47] Ehre

ihn in verlangender Umschlingung wohl tausendmal geküßt hatte, standen sie auf und gingen in die Kammer."

Josua und Boccaccio!

Der brave Buchbinder kam, als man ihm wegen seiner fehlerhaften Arbeit Vorwürfe machte, durchaus nicht aus der Fassung. Er sagte beruhigend: „Das schadet nicht, durchaus nicht, wer's versteht, nimmt keinen Anstoß dran, und wer's nicht versteht, erst recht nicht."

Geflügelmagen

Zu Herrn Rabbiner Doktor K. kommt der jüngste Sohn von Hirsch im Auftrage der Mutter mit einem „Gänsepuppek"[48], um eine „Schaale"[49] vorzubringen. Frau Hirsch war an dem Aussehen des „Puppek" etwas aufgefallen. — Dr. K. betrachtet den Puppek, schlägt in einigen Folianten nach und sagt endlich „treife"[50]. Der junge Hirsch aber war ein Schlauberger, so schnell gab er die Gans nicht verloren. Er eilte ins Beshamidrasch zu dem uralten Rabbiner, der schon ganz schwache Augen hatte. Dieser entscheidet nach erfolgter Untersuchung „koscher"[51]. Der Junge eilt nach Hause, unterschlägt das erste Urteil und ruft überselig: „Mutter, die Gans ist koscher." —

---

[48] Magen

[49] religiöse Frage

[50] zum Essen verboten

[51] zum Genuß erlaubt

Nachmittags zu Minche[52] treffen sich die beiden Rabbiner, und der erste erzählt: „Ich hatte heute eine interessante Schaale. Es war ein Puppek, ich konstatierte ‚Kurkeban schejesch bau nekew[53], treife'." Der andere erzählte: „Ich hatte heute auch eine Schaale, auch einen Puppek, er war aber koscher." Nichts Gutes ahnend, fragte erregt Doktor K. seinen Kollegen: „Von wem war der Puppek?" der Alte erwiderte ahnungslos: „Von Frau Hirsch." Welch Entsetzen! Der Tempeldiener mußte sofort zu Hirschs mit der Botschaft eilen, daß die Gans treife sei. — Es war aber zu spät. — Man hatte die Grieben bereits zu Mittag gegessen.

Zu demselben Rabbiner Dr. K. wurde während der Pessachtage[54] ein Putenpuppek gebracht, an welchem die fromme Hausfrau etwas „chomez"[55] bemerkt hatte. Nach den jüdischen Vorschriften ist ein gewisser kleiner Prozentsatz „chomez" zulässig, man bezeichnet diese Ausnahme mit „Butel beschischim"[56]. Dem Dienstmädchen, einem etwas beschränkten schlesischen Mädchen vom Lande, sagte der Rabbi nach Untersuchung des Falles: „'s ist butel beschischim, man kann's essen." Das Dienstmädchen eilt nach Hause und berichtet freudestrahlend der Hausfrau: „Der Herr Rabbiner läßt sagen, man kann's essen, das Putel ist beschissen."

---

[52] Vespergottesdienst

[53] Magen mit einem Loch

[54] Überschreitungsfest

[55] Gesäuertes

[56] $^{1}/_{60}$ der Masse

Der Marktbesucher

Eine der merkwürdigsten Erscheinungen im Städtchen war ein gewisser Zynski, ein jüdischer Hausvater mit Frau und zwei Töchtern. Der Mann hatte kein Geschäft, keinen Beruf und man wußte nicht, wovon er lebte. Ich kann verraten, was Reb Nechemje von ihm erzählte. Zynski ging jeden Montag, Mittwoch und Freitag auf den Wochenmarkt, mischte sich unter die Landleute, die mit ihren Erzeugnissen, Butter, Käse, Eiern, Gänsen, Enten usw. auf den Markt gekommen waren, und wußte es immer so einzurichten, daß er irgendeinen Streit vom Zaune brach, bei welchem zwei Parteien aufeinander losgingen. Ostentativ trat Zynski dann für eine der streitenden Parteien ein, worauf er vom Vertreter der anderen gewöhnlich einen Stoß oder eine Ohrfeige bekam. Im selben Augenblick erhob der Getroffene ein Geschrei: Man habe ihn geschlagen, er würde sofort zur Polizei gehen und eine Anzeige wegen Körperverletzung erstatten. Der eingeschüchterte Attentäter vom Lande nahm dann gewöhnlich Z. beiseite: „Sei still, red' nicht weiter, hier hast du eine Katschke[57], und die Sache ist erledigt." Schmunzelnd brachte Zynski seiner Frau auf diese Weise mal eine Gans, mal eine Ente, mal eine Mandel Eier nach Hause, und die Leute aßen besser als mancher „Medinegeier"[58].

---

[57] Ente

[58] Hausierer auf dem Dorfe

Einmal war Zynski auf dem Markte schon einige Stunden umhergegangen, ohne daß es ihm gelungen war, einen Streit zu erregen. Mürrisch seufzte er vor sich hin: „Oi wei, oi wei, wie kriege ich schon einen Patsch!“

Die Bestellung

Fabisch Hirsch in L. bezog schon seit Jahren von einem Fabrikanten in J. seinen Bedarf an Firnis. — Heute mußte er wieder die gewohnte Bestellung machen, er setzte sich an sein Pult, schob die Brille auf die Nase und schrieb folgenden Brief: „Geehrte Firma! Was haben Sie mir das letztemal für einen Firnis geschickt! Er klebt, trocknet überhaupt nicht und stinkt. Ich begreife es nicht, wie Sie mir, einem so alten, treuen Kunden, solch einen Jux schicken können. So etwas von einer miesen S'chaure[59] habe ich in meinem langen Leben noch nicht gesehen, ich verliere meine ganze Kundschaft. Bitte, schicken Sie mir sofort wieder drei Faß, aber genau die gleiche Qualität wie das letztemal.“ —

Merkwürdig war, daß Fabisch Hirschs Firnis-Bestellungen jedesmal fast wörtlich so lauteten. Er vermutete wohl, daß er durch diese drohende Form der Bestellung besonders gut bedient werden würde.

[59] schlechte Ware

Mürbekuchchen

Aron Grünberger, in der ganzen Medine nicht anders wie „Onkel Aron“ genannt, fuhr regelmäßig zur Messe nach Frankfurt a. d. Oder, wo er mit Leib Meseritzer, der in einem engen Gäßchen sein Wollgeschäft betrieb, in Geschäftsverbindung trat.

Onkel Aron war ein auffallend elegant gekleideter und in bezug auf Sauberkeit äußerst peinlicher Mann. Leib Meseritzer aber und seine Frau Zirel waren „Schmodders“[60], und was bei ihnen auf den Tisch kam, trug den Stempel der Unappetitlichkeit an sich. Sie waren aber sehr fromm, und der Haushalt wurde streng koscher geführt, was für Onkel Aron allerdings belanglos war, denn er hielt die Speisegesetze nicht und rauchte sogar am Schabbes. —

Einmal kam er bei Meseritzers in arge Verlegenheit. Frau Zirel hatte gerade Mürbekuchchen gebacken, und die gastfreie, liebenswürdige Frau konnte es sich nicht versagen, diese ihrem Gaste mit einem Schnäpschen anzubieten. Leider präsentierte sie sie auf einem schmutzigen Teller, und ihre unsaubern Finger kamen dabei mit dem Gebäck in engste Berührung. Den übertrieben sauberen Onkel Aron durchfuhr es kalt. Nicht um alles in der Welt hätte er diese Kuchchen gegessen. Wie sollte er aber aus dieser peinlichen Lage herauskommen, ohne die Gastgeber zu verletzen? Er kämpfte mit sich. Da kam ihm sein diploma-

---

[60] unsauber

tisches Talent zu Hilfe, und zwar durch eine kleine Lüge, womit sich Diplomaten ja öfter aus der Schlinge zu ziehen pflegen. Er erklärte: „Liebe Frau Zirel, was meinen Sie, wie gerne möchte ich mich an Ihren leckern Mürbekuchchen jetzt delektieren. Aber sie sind doch milchig, und ich habe erst vor einer Stunde Frankfurter Würstchen gegessen (‚Osser[61] waren sie koscher,' dachte sich Onkel Aron, als er das sagte), aber ich schenke Ihnen die Küchelchen nicht, Frau Meseritzer, Gott bewahre! Bitte packen Sie sie mir ein, und wenn die vorgeschriebenen sechs Stunden vorüber sind, ist es das erste, daß ich die Mürbekuchchen hervorhole."

Geschmeichelt wickelte Frau Zirel die Kuchchen in ein zerknittertes Stückchen Zeitungspapier ein, das Herr Meseritzer aus der Tasche seines schmierigen Schlafrocks hervorgezogen hatte — — wobei nicht verschwiegen werden soll, daß der übrige Teil des Zeitungsblattes seine „geheime" Bestimmung vor kurzem bereits erfüllt hatte, — und wandte sich, wiederholt bewundernd mit dem Kopfe nickend, zu ihrem Manne: „Nu, was sagst du nur, Leibchen? Es gett[62] noch Jiden[63]."

[61] Sicherlich nicht

[62] gibt

[63] hier: Gesetzestreue

Tischoh bow[64]

Moses Podgorzer war ein sehr frommer, aber auch geiziger Mann. Er gab seiner Frau nie ausreichendes Wirtschaftsgeld, so daß die Kinder oft tatsächlich hungerten. Die täglichen Mahlzeiten waren aufs kärglichste bemessen. Einmal, es war an einem Tischoh bow, besuchte Reb Nechemje seinen Geschäftsfreund. Aber wie erstaunte er, als er diesen mit Frau und Kindern an einer üppigen Tafel speisend antraf. —

Kopfschüttelnd erzählte er seine Beobachtung einem Bekannten: „Sagt nur, wie versteht Ihr das! Podgorzer ist doch ein bekannt frommer Mann, der die Vorschriften hält, man weiß doch aber auch, daß er ein ‚Kamzen‘[65] ist. Wie kann er am Tischoh bow, diesem Trauer- und Fasttag, essen und essen lassen?“

„Reb Nechemje,“ erwiderte der Gefragte: „Podgorzer will den Trauertag eben ehrlich halten. Ist für ihn denn Tischoh bow, wenn seine Familie fastet und das Wirtschaftsgeld für den Tag gespart wird? Wenn der Tag aber viel Geld kostet, dann ist es für ihn ein wirklicher Tischoh bow.“ —

---

[64] Gedenktag der Zerstörung Jerusalems am 9. Ab

[65] Geizhals

„Außer das!“

Rabbi Jonas Esriel war fromm, gelehrt und belesen. Er „lernte“ Tag und Nacht, daher wußte er so mancherlei gelehrte Sachen, aber vom wirklichen Leben und seinen Anforderungen verstand er nicht viel, er war weltfremd. — Die Rebbezen[66] war eine gute, freundliche Frau, aber reichlich naiv, um nicht zu sagen beschränkt. — Das Töchterchen Amalie, „Malchen“ genannt, ein hübsches, lebenslustiges Ding, stöhnte beständig und klagte, daß man in dem kleinen Städtchen „gar kein Vergnügen“ habe. —

So lebte man in dem engen, niedrigen Rabbinatshäuschen still und friedlich. Doch die Ruhe und der Frieden sollten plötzlich gestört werden, und zwar durch einen Brief und seine Folgen.

Das verhängnisvolle Schreiben kündigte den Besuch des zwanzigjährigen Sohnes eines entfernten Verwandten an. Ihn zurückzuweisen schien unmöglich, aber wo ihn unterbringen? Die anspruchslose Wohnung enthielt außer der kleinen Küche nur zwei Zimmer. Diese waren freilich ziemlich groß, das eine diente als Wohn- und Schlafzimmer für die Eltern. In einer Ecke am Fenster stand der Schreibtisch und daneben die Bibliothek des Rabbi, im zweiten Zimmer hauste Malchen.

---

[66] Rabbinersfrau

„Ich weiß nicht, Jonas, wo ich den Jungen einlogieren soll,“ sagte sorgenvoll die Rebbezen, „in dem Zimmer bei uns kann er doch nicht schlafen.“

„Wie du redest, Sara,“ meinte Reb Esriel, „in der anderen Stube ist nicht Platz genug?“

„Nu, da schläft doch Malchen.“

„Nu gewiß schläft da Malchen, aber sie schläft doch nicht in der ganzen Stube. In die Stub’ stelle ich dir sogar noch zwei Betten rein.“

„Jonas, es kann etwas passieren, es sind doch junge Leute.“

„Ich versteh’ nicht, Sarchen, was passieren soll.“

„Nu, du weißt doch, was ich mein’!“

„Gegen das, was du meinst, gibt es doch ein einfaches Mittel. Man zieht quer durch die Stube in einer gewissen Höhe eine Wäscheleine und hängt ein Laken darüber. — Narischkeiten! was da passieren soll!“ schüttelte der Rabbi das weise Köpfchen. — —

Das zweite Bett wurde in Malchens Stube aufgestellt, „in gewisser Höhe“ die Leine gezogen und das Laken darüber gehängt. So war alles wohl bedacht und gut vorbereitet, und der Gast konnte einziehen. —

Der muntere, hübsche Jüngling brachte Leben in das stille Häuschen, und alle waren während der dreiwöchigen Besuchszeit glücklich und zufrieden, Malchen inbegriffen, die nicht mehr klagte, daß es in dem Städtchen kein Vergnügen gäbe. — — —

Nach einigen Monaten zog aber Kummer und Sorge in das bisher friedliche Haus. Malchen mußte der entsetzten Mutter etwas Schweres beichten. — Arme Mutter! —

„Jonas," sagte sie in Verzweiflung, „Malchen hofft — — —"

„Was hofft sie?" fragte der Rabbi, indem er von dem riesigen Folianten, in dem er studierte, zu der Rebbezen über die Brille, die ihm ganz vorn auf der Nase saß, aufsah.

„Nu, weißt du nicht, was ich mein'?!" Die Rebbezen machte eine zarte Andeutung.

„Ausgeschlossen! es war doch eine Wäscheleine und ein Laken dazwischen. Kannst du über einen solchen Zaun springen? ich nicht." —

„Muß man denn springen? Tommer[67] ist er unten durchgekrochen."

„Unten durchgekrochen," — — „klärte"[68] sinnend der Rabbi. Dann, indem er die Schultern hochzog und die Hände mit den Handflächen nach oben drehte, seufzte er: „Un—ten durch—ge—kro—chen — : Außer das!"

Die Wanderpredigt

„Seht Euch nur diesen schönen Koffer an, den ich mir aus Posen mitgebracht habe, Reb Nechemje." Und Salme Ascher präsentierte stolz das neuerstandene „Felleisen".

---

[67] Vielleicht

[68] dachte nach

„Seid Ihr denn ein Baal darschen[69], Salme, daß Ihr einen Koffer braucht?“

„Was hat ein Koffer mit einem Baal darschen zu tun?“

Reb Nechemje erwiderte: „Das sollt Ihr gleich hören,“ und erzählte:

„Ein Baal darschen kam in ein kleines Städtchen, schon mehr ein Dorf, um dort wie im Jahre vorher eine droschoh[70] zu halten. Der ‚Parneß‘[71] riet dem Vortragenden, sich etwas erhöht auf eine Kiste zu stellen, um besser gehört und gesehen zu werden. Aber nicht von einer Kiste herab predigte der Gelehrte, sondern er stellte sich auf seinen Koffer, den er in das Gotteshaus mitgebracht hatte.

Diesmal hielt der Wanderrabbi einen einfachen, nicht sehr tief schürfenden Vortrag, und als er geendet hatte, fragte ihn der Parneß: ‚Sagt mir, Rebbe, warum habt Ihr Euch auf Euern Koffer gestellt?‘ ‚Das will ich Euch erklären! Im vorigen Jahr hat man mir, während ich Eurer Khille[72] divre taure[73] gegeben habe, meinen Koffer mit allen meinen Sachen gestohlen. Damals hatte ich mir einen Poossek[74] zur Erklärung gewählt. Diesmal habe ich mir gesagt: Was soll ich mich auf einen Poossek stellen[75] und

[69] Prediger

[70] Predigt

[71] Vorsteher

[72] Gemeinde

[73] Worte der Lehre Mosis

[74] Schriftvers

[75] einen Schriftvers zur Ausdeutung wählen

meine Sachen wieder einbüßen, ich stelle mich lieber auf meinen Koffer, das ist sicherer.'"

Reb Nechemje freute sich, dieses Geschichtchen zu so günstiger Gelegenheit anbringen zu können.

Der Autor

Ein Bocher hatte ein Buch verfaßt, es drucken lassen und zog damit durch die Dörfer und Städtchen, um es dem Publikum anzubieten, zumeist aber wurde er abgewiesen. Einmal kam er zu einem jüdischen Großkaufmann, der machte ihm Vorwürfe, daß er mit seinem Geistesprodukt hausiere und sich gefallen lassen müsse, oft genug zurückgewiesen zu werden.

„Warum soll ich mit meinem Werkchen nicht hausieren?" sagte der Bocher. „Gott hat es mit seinem Buch, der Thora, ja auch nicht anders gemacht. Hat er es nicht bei den heidnischen Völkern Moab, Edom und Midian durch Bileam und andere Propheten angeboten, und sich abweisen lassen müssen, bis er endlich in Israel einen Abnehmer fand?"

„Euer Gleichnis, Bocher, stimmt zwar nicht genau," erwiderte der Kaufmann, „aber Ihr habt es doch erreicht, daß ich Euch sogar zwei Exemplare abnehmen will."

Visionen

Es war im Jahre 1853. Die Cholera, dieses unheimliche Gespenst, wütete im Lande, auch in dem kleinen Städtchen

Kempen im Posener Lande spie sie Tod und Verderben, verbreitete Angst und Schrecken. Wer war vor ihrem verderblichen Pesthauche sicher? Sie machte keinen Unterschied zwischen Alten und Jungen, Hohen und Niedrigen, Armen und Reichen. Die Möglichkeit eines ganz plötzlichen Sterbens lähmte jede Energie, vernichtete jedes Kraftgefühl. Nur wenige waren es, denen der Glaube an Gottes gütige Vorsehung, ihre tiefe Religiosität die Seele spannte und sie unangefochten ihre Pflichten erfüllen ließ. Doch da war einer, der wurde inmitten des furchtbaren Sterbens wie einer, der während des Krieges im dichtesten Kugelregen furchtlos und mutig ausharrt, zum Helden, ein alter Jude: Reb Samuel Warschauer. Tag und Nacht suchte er die Kranken auf und pflegte sie. Keine Hütte, kein noch so ärmliches Bettlager schreckte ihn, und da niemand es mehr wagte, war er es, der die Toten wusch, alle religiösen Vorschriften an ihnen vollzog, sie einsargte und begrub.

Tagaus, tagein forderte das furchtbare Gespenst seine Opfer. Die Freunde um Reb Samuel Warschauer starben, ihm schien der Tod nichts anhaben zu können, er blieb stark und gesund. Schon erschien er der Bevölkerung wie ein Heiliger. Endlich aber — da trug man auch ihn eines Morgens hinaus, und am Abend desselben Tages, die Schatten der Nacht breiteten sich schon aus, trugen vier Männer noch einen Sarg auf den Friedhof.

Da — welch eine Erscheinung! Am Friedhofstor stand Reb Samuel Warschauer in seinen weißen Totenlinnen mit erhobenen Händen und rief den Trägern zu: „Zurück! Geht zurück! hier ist kein Platz mehr, es darf keiner mehr sterben. Der Friedhof ist voll, es ist zu Ende."

Erschüttert kehrten die Träger mit dem Sarge um, zurück zur Stadt. Es war der letzte Cholera-Tote, die Epidemie war erloschen. —

Reb Samuel Warschauer war natürlich nicht auferstanden. — Nicht alle vier der Träger, vielleicht einer, hatte eine durch die Erregung der Zeit erklärbare Gesichts- und Gehörshalluzination, eine Vision gehabt. Tatsächlich war Reb Warschauer einer der allerletzten, vielleicht der letzte, der der Epidemie zum Opfer fiel. — Dadurch bildete sich diese Legende, die ich aus dem Munde eines alten Kempeners selbst gehört habe.

Aber nun im Zusammenhange hiermit die Geschichte einer anderen „Vision", hier aber nur eine scheinbare: Das Erschauen und Anhören eines lebenden Menschen, der — was durch die begleitenden Umstände erklärbar — als ein Gespenst erschien, das aber in Wirklichkeit kein Gespenst war. Dadurch entbehrt diese ernste Erzählung nicht eines humorvollen Beigeschmacks, wodurch sie zu einer tragikomischen Historie wird:

Zwischen zwei kleinen Städtchen im Posener Lande lag ein Dorf, in dem eine jüdische Familie eine Gastwirtschaft betrieb. Es war ein Ehepaar, der Vater der Frau, ein kränklicher Alter, lebte mit ihnen. Mit seinem Schwiegersohn, der ein brutaler, geiziger Mensch war, konnte der

Alte sich schlecht vertragen. Der Geiz des Gastwirts nahm oft Formen an, die schier unerträglich waren. Beim Tode des Schwiegervaters führte es gar zu einer Roheit, die — wenn die Geschichte, die ich von Reb Nechemje gehört habe, wirklich wahr ist, wie er mir hoch und heilig versicherte — allerdings kaum glaublich erscheint. Doch lassen wir Reb Nechemje selbst erzählen:

„Der alte Gastwirt war gestorben. Nun brauchte er sich mit dem Schwiegersohn, dem grobben Jungen, dem Mescholem, nicht mehr abzuärgern. Hatte der eine Chuzpe an sich! Ein mieser Mechutten[76]! Nun saß Mescholem da und überlegte, wie er die Lewaje[77] am billigsten haben könnte. Er machte sich zuerst zu dem Vorsteher der einen benachbarten Gemeinde auf und erkundigte sich nach den Kosten. Man handelte um den Preis und konnte nicht darüber einig werden. Der Gastwirt ging. — Nun versuchte er es bei der anderen Kehillah[78]. Die wollte es auch nicht billiger machen. Unverrichteter Sache ging Mescholem nach Hause. Dort sann er nach, was zu tun sei. —

Inzwischen waren dem Vorsteher, bei dem der Gastwirt zuerst vorgesprochen hatte, Bedenken gekommen, daß ihm die Einnahme entgehen könne. Er schickte den Schammes zum Gastwirt ins Dorf mit der Weisung, ‚das Geschäft' unter allen Umständen abzuschließen. Der

[76] fauler Schwiegersohn

[77] Bestattung

[78] Gemeinde

Schammes machte sich auf. Als er in die Gaststube trat, fiel allen seine bemerkenswerte Ähnlichkeit mit dem Verstorbenen auf, und in Mescholem reifte ein teuflischer Plan: Er gab dem Schammes ein Schnäpschen, dann noch eins und noch eins und noch eins. Was soll ich euch sagen? der Schammes wurde schicker[79]. Schließlich schlief er auf der Ofenbank ein. Mescholem schleppte ihn in die dunkle Scheune. Dort zog er ihm die Kleider aus und bekleidete ihn mit den Tachrichim[80], die für den Toten bereit lagen. Die Sachen des Schammes aber zog er dem Toten an.

Gegen Morgen lud er das Meß[81] auf seinen Wagen, fuhr zur Stadt und legte den Toten in der Nähe der Stadt in den Chausseegraben. — Bald verbreitete sich die Kunde, der Schammes ist gestorben, er liegt tot im Chausseegraben. — Da es ein Freitag war, wurde er noch am selben Tage begraben. Vorsteher und Repräsentanten erwiesen dem ‚Schammes' die letzte Ehre. Der Rebbe hielt wegen des nahe bevorstehenden Schabbes nur eine kurze Droschoh[82], in der er den braven ‚Kultusbeamten' sehr lobte. — Mescholems Schwiegervater aber war so bechinnom[83] begraben. Was sagt Ihr daderzu!" Reb Nechemje schlug mit der Faust auf den Tisch. —

---

[79] betrunken

[80] Leichengewänder

[81] Leichnam

[82] Leichenrede

[83] kostenlos

„Im Dorfe spielte sich nun folgende Szene ab: Der beschickerte[84] wirkliche Schammes lag immer noch in seinem Schikkores[85] in der dunklen Scheune und schnarchte die ganze Nacht hindurch wie eine Säge, die einen knorrigen Eichbaum zu bearbeiten hat. Er schlief noch in den nächsten Tag hinein, da kam er endlich zu sich. Halb träumend, halb wachend dämmerte es in ihm: ‚Wo bin ich? Was tut sich? Was ist mit mir los?‘ Langsam kamen ihm seine Gedanken wieder. Er bemerkte, daß er Totenkleider anhatte. ‚Oi weih!‘ seufzte er, ‚ich bin e Meß, ich lieg' im Keiwer[86] — aber ich merke doch, daß ich tot bin, dann kann ich doch nicht tot sein. Ich denke doch. Wer denkt, muß doch lebendig sein. Aber ich habe Tachrichim an — wer Tachrichim anhat, ist doch tot und liegt starr, unbeweglich. Nu! muß ich also still liegen! Aber ich kann mich doch bewegen, ein Toter aber kann sich doch nicht bewegen, ich muß also doch lebendig sein.‘ Der Schammes drohte wahnsinnig zu werden. Schließlich krabbelte er sich aus dem Stroh heraus und kam ins Freie. Er atmete auf: ‚Gott sei gedankt, ich glaube, ich lebe!‘ Im Dorfe schlief alles, es war schon Nacht. Wie von Mördern verfolgt, lief der weißgekleidete Mensch zur Stadt hinein. Er kam zu seinem Häuschen in der Hintergasse, drückte auf die Türklinke, die Tür war verschlossen. Er klopfte ans Fenster:

---

[84] betrunken

[85] Trunkenheit

[86] Grab

‚Rosalie, Gott sei gelobt, mach' die Tür auf!' Die Frau erhob sich, ging im Nachtgewande ans Fenster und — sah eine ‚Vision' —, den vor einigen Stunden begrabenen Mann. ‚Geh in dei Ruh', Jizchok, geh in dei Ruh',' mahnte sie. ‚Aber Rosalie, sei doch nicht meschugge[87], mach' die Tür auf!'

‚Geh in dei Ruh', Jizchok,' kam es immer wieder über die Lippen der weinenden Frau.

‚Bin i c h meschugge oder d u,' wetterte der empörte Leichnam — die Frau schloß zitternd über diese ‚Vision' das Fenster.

‚Nu, tommer hat Jenne recht, und ich bin wirklich eine Meß,' philosophierte der Schammes. ‚Wenn ich eine Meß bin, dann gehöre ich auf den guten Ort,' und er schleppte sich zum Friedhof hinaus. —

Gegen Morgen sah der aus dem Hause tretende Totengräber auch wieder eine ‚Vision', eine zwischen Gräbern sich hinschiebende Leiche. Er erkannte den Schammes, angstgepeinigt eilte er zum Vorsteher. Der sagte:

‚Ich habe schon vieles erlebt, aber einen meschuggenen Totengräber hab' ich noch nicht gesehen.'

‚Herr Vursteher, glauben Sie mir, mit meinen eigenen Augen habe ich den toten Schammes zwischen den Mezeiwes[88] rumhopsen sehen — — —'

---

[87] wahnsinnig

[88] Grabstein

Das war nun keine Vision, es war der Schammes in Totengewändern, aber er lebte. Er lebte wirklich, und bald lagen sich Jizchok und Rosalie vor Glück weinend in den Armen: ‚Rosalie, mach' schnell Kaffee, wir wollen anbeißen, mir ist wie nach Jom Kippur[89].' — —

Was sagt Ihr daderzu?" schloß Reb Nechemje seine Erzählung, „soll man dazu weinen oder lachen?"

[89] Versöhnungsfest